丛书主编 俞树毅

★生命无返程:重点交通法规解读

★百姓生活避风港:也谈社会保障法

★祸患积于忽微:警察权限与治安管理

★清官能断家务事:走进婚姻法

★约定大于法定:合同法漫谈

★让我欢喜让我忧:银行卡消费与维权

★**权利与保障同行:民事侵权及其救济**

法律在身边

FALU ZAI SHENBIAN

公民维权系列丛书

马鹏飞 编著

权利与保障同行:
民事侵权及其救济

兰州大学出版社

图书在版编目（CIP）数据

权利与保障同行 ：民事侵权及其救济 / 马鹏飞编著
. -- 兰州 ：兰州大学出版社，2014.11
（“法律在身边”公民维权系列丛书 / 俞树毅主编
）
ISBN 978-7-311-04630-9

Ⅰ. ①权… Ⅱ. ①马… Ⅲ. ①侵权行为－民法－基本
知识－中国 Ⅳ. ①D923

中国版本图书馆CIP数据核字(2014)第267150号

责任编辑　张国梁　王颢瑾
装帧设计　郇　海

书　　名　权利与保障同行：民事侵权及其救济
作　　者　马鹏飞　编著
出版发行　兰州大学出版社　（地址：兰州市天水南路222号　730000）
电　　话　0931-8912613（总编办公室）　0931-8617156（营销中心）
　　　　　0931-8914298（读者服务部）
网　　址　http://www.onbook.com.cn
电子信箱　press@lzu.edu.cn
印　　刷　兰州奥林印刷有限责任公司
开　　本　710 mm×1020 mm　1/16
印　　张　9.25
字　　数　153千
版　　次　2015年3月第1版
印　　次　2015年3月第1次印刷
书　　号　ISBN 978-7-311-04630-9
定　　价　22.00元

总 序

党的十八届四中全会提出全面推进依法治国,总目标是建设具有中国特色社会主义法治体系,建设社会主义法治国家。

改革开放三十多年来,走市场经济道路和建设具有中国特色社会主义法律体系、建设法治国家是我们始终坚持的。改革越往后就越艰难。我国市场经济建设虽然取得了巨大的成功,但地方保护、行政垄断、自然垄断、权力寻租、市场壁垒以及不公正的市场规则等乱象依然存在,市场经济建设已经到了深层的攻坚克难时期。市场经济是法治经济,市场秩序的建立与维护要依靠反映市场规律、市民社会规则的法治体系。人治只能是计划经济的反映。建设具有中国特色社会主义法治体系,对于深化各项改革、推动市场经济健康发展,具有重要意义。

正如十八届四中全会提出全面推进依法治国的重大任务所表明的,中国特色社会主义法治体系的建设和完善主要依赖于政府的推动,但这种自上而下的推动应当促进内生性的法治建设,其中,增强全民法治观念、加强民主立法和法律实施的公众参与等,应该是题中的应有之意。

社会问题纷繁复杂,当下中国社会又一次处在了历史的节点上。"依法治国,建设社会主义法治国家"是中国的基本治国方略,也是中国承继人类文明的必然和历史选择。依法治国必然要求增强全民法治观念,并在全社会大力推动普法宣传教育。虽然学理解释在法理学上属于无权解释之列,但适法、守法、用法均离不开对现行法律的熟悉、掌握和准确理解,学理解释在法律的适用、市场规则和市场秩序的维护、公民行为的预测或指引中发挥着至关重要的作用。可以说,如果民众没有良好的法律素养,没有法律信念,则中国现代法律的移植、现代法治社会和法治国家的建设始终是不可完成的任务,只能是水中月、镜中花。

早在1986年,中国就开始了以五年为一个周期的普法活动。2011年为"六五"普法规划的启动年。"六五"普法规划的基本指导思想主要是:按照全面落实依法治国基本方略和建设社会主义政治文明的新要求，坚持法制宣传教育与社会主义核心价值体系教育相结合、与社会主义法治理念教育相结合、与社会主义公民意识教育相结合、与法治实践相结合，深入开展法制宣传教育，深入推进依法治理，大力弘扬社会主义法治精神，为夺取全面建设小康社会新胜利营造良好法治环境。

所谓普法，就是普及法律知识，而法律知识范围广泛，涵盖法律和法学，既包括法律精神、法律价值、法律理念，也包括法律原则、法律规范；既包括理论法学、应用法学，也包括一切有关法律和法学的知识和学问。因此，普法会成为依法治国的常态和有机组成部分。当然，普法首先是从对现行法律的宣传、正确解释和准确理解开始的。

应兰州大学出版社之约，我们组织编纂了这套"法律在身边"公民维权系列丛书。丛书内容涉及公法、私法和社会法等各个方面，将按照出版计划陆续推出。这套丛书的出版，期望能够为全社会普法、为法治中国建设尽些绵薄之力。

丛书撰稿人均为在职法律人(法律职业共同体成员，包括法官、检察官、律师、法学教育工作者以及研究者等)，大都从事法律教学和研究以及司法实践工作，有较高的科研能力和语言驾驭能力。是他们认真负责的态度和孜孜不倦的工作，使丛书得以面世。

作为丛书的总主编，我制定了丛书的体例，并对各分册书稿进行了统稿和进一步完善。

这套丛书的特点是：语言明快、简洁、通俗；法律要义、释疑、案例、法条有机结合，各单元自成体系；贴近社会生活的主要方面，与大众生活息息相关。

限于学识和时间，书中肯定存在不少问题，希望读者、行家不吝赐教。

俞树毅

2014年12月1日

(丛书总主编俞树毅，系兰州大学法学院教授、博士研究生导师。兰州大学环境资源法学研究所所长)

前言

法治是一个民族的事业,也是时代永恒的追求。选择法律作为社会治理的主要方式是近代以来形成的共识,或可曰为现代化之一衡量标准。在浩如烟海的法律中,民法与个人的生活尤为亲近。古罗马法谚云:民法有如慈母般保护着她的人民。这是因为,由民法所规制的民事法律关系渗透在我们生活的每一个环节,吃穿住行、生老病死无不浸透着民事法律关系。人类假群以居,交往无所不在,而冲突亦无从避免,存在冲突则必然出现侵权,有侵权则必有救济。

我们生活在一个法治的时代,可以说我们每个人的生活都被形形色色的法律规则所包围,被各种各样的法律现象所包围,我们无不感知到由法律确立的秩序带来的便利,同样亦能感知到法律为了保护这种秩序所做的必要限制。了解法律、学习法律、运用法律在现代社会具有至关重要的作用。我们不仅应知晓何种行为是法律所禁止的,亦应熟知在权利遭受损害时该当何为。

民事侵权的范围涵盖了人身、财产和精神等领域,正因如此,法律需要对民事侵权做出非常完善的规制,以保护公民和法人的权利在受到侵害之时能够通过法律获得及时合理的保护和救济。伯尔曼曾说,法律必须被信仰,否则它形同虚设。对公民权利受到侵害之时能够诉诸法律的愿望,正是这种信仰的体现。法律所确立的是一种规则,侵权则是对该规则的侵犯,对规则的侵犯意味着有主体的权利遭受损害,无论是身体受伤害,抑或财产受损失,甚至精神受创伤,均是打破了已经平静祥和的正常生活,而民事侵权法则试图通过对这些损害行为的制裁来保护本来的和谐状态。

我国以《侵权责任法》为核心,通过相关法律以及司法解释的配套,形成了相对完整的法律规范体系。同时,法学研究对于民事侵权的研究成果亦非常不俗。这种规定和研究的目的一言以蔽之,在于更好、更完善地保护公民、法人的权利免遭侵害以及在遭受侵害时及时得到救济。

本书力图将我国对民事侵权的法律制度、法学研究成果与司法实践相结合,对民事侵权做一实践性、普及性的讲解,希冀通过这种结合,能够使广大非法律工作者了解法律,当人们在遭受侵权时为其提供帮助。同时,也为法律工作者的研究给予参考。正是基于此种情愫,本书力图将学术化的语言转化为通俗的表达,以一种深入浅出的方式,通过对民事侵权的基本阐述,再到责任的承担,最后就人身损害、财产损害以及精神损害的赔偿范围和标准做细致梳理,以期能提供有益的使用和参考价值。

目 录

第一单元 有人擅自动了你的奶酪怎么办
——什么是民事侵权？ ······001
【精讲精析】 ······001
一、侵权行为的特征 ······001
二、侵权行为的分类 ······002
三、侵权行为与违约行为及犯罪行为的关系 ······005
【典型案例】 ······006
杜某、冯某诉雅安某纸业有限公司人身、损害赔偿案 ······006
【以案说法】 ······007
法律是利益的视线 ······007
【法条链接】 ······008
【扩展阅读】 ······009
《大梦敦煌》著作权案诉争9年尘埃落定 ······009
第二单元 并非所有人都要为自己的行为买单
——哪些人要承担侵权责任？ ······011
【精讲精析】 ······011
【典型案例】 ······013
吴某某诉匡某、杨某、丁某某、某小学人身损害赔偿案 ······013
【以案说法】 ······014
责任最终都会找到归属 ······014
【法条链接】 ······015
【扩展阅读】 ······019
五岁儿童承担侵权责任吗？ ······019

第三单元　自己的错误自己承担
——过错责任适用于哪些情形? ……021
【精讲精析】……021
一、过错责任原则的要件 ……021
二、一般侵权责任的种类 ……022
三、过错推定责任的适用情形 ……027
【典型案例】……029
交通事故致人损害赔偿案 ……029
【以案说法】……030
损害已发生赔偿找依据 ……030
【法条链接】……031
【扩展阅读】……035
保险游览项目　游客受伤致残 ……035
第四单元　其实我不想伤害你
——没有过错也要承担责任吗? ……037
【精讲精析】……037
一、产品侵权责任 ……037
二、高度危险作业和危险物致人损害 ……039
三、环境污染致害责任 ……039
四、动物致害责任 ……041
【典型案例】……041
倪某诉某煤气公司损害赔偿案 ……041
【以案说法】……043
特殊侵权必有特殊责任承担 ……043
【法条链接】……045
【扩展阅读】……049
车胎爆裂引发“意外事故”　保险公司能否“无责理赔” ……049
第五单元　以和为贵
——责任也可以公平分担 ……051
【精讲精析】……051
一、公平责任的构成要件 ……051
二、公平责任的适用情形 ……052

三、受益人补偿受害人的条件 ……………………………………………054
【典型案例】 ……………………………………………………………………055
帮助有风险 责任先明确 ……………………………………………………055
【以案说法】 ……………………………………………………………………055
相对公平是法律的基本追求 ………………………………………………055
【法条链接】 ……………………………………………………………………058
【扩展阅读】 ……………………………………………………………………059
额外的“公平责任”——民办学校、与学生健康权纷案例解析 ……059
第六单元 你的悲伤我不负责
——哪些情形下可以不承担责任? ……………………………………061
【精讲精析】 ……………………………………………………………………061
一、依法行使权利 ……………………………………………………………061
二、正当防卫 …………………………………………………………………062
三、紧急避险 …………………………………………………………………062
四、自助行为 …………………………………………………………………063
五、受害人同意 ………………………………………………………………063
六、受害人故意 ………………………………………………………………064
七、第三人过错 ………………………………………………………………064
八、不可抗力 …………………………………………………………………064
【典型案例】 ……………………………………………………………………064
案例一 陈某诉公安局赔偿损失案 ………………………………………064
案例二 交通事故中损害赔偿的责任认定 ………………………………065
【以案说法】 ……………………………………………………………………067
案例一 违法行使职权是国家赔偿之前提 ………………………………067
案例二 紧急避险如何认定责任 …………………………………………067
【法条链接】 ……………………………………………………………………069
【扩展阅读】 ……………………………………………………………………070
免责声明在先 拍得赝品自担 ……………………………………………070
第七单元 共同致害就要共同承担责任吗?
——共同侵权知多少 ………………………………………………………071
【精讲精析】 ……………………………………………………………………071
一、共同侵权的构成要件 ……………………………………………………071

二、共同侵权的类型 ……072
三、共同侵权的责任承担 ……072
四、共同侵权责任的免除 ……073
【典型案例】 ……074
王某诉南某等人损害赔偿案 ……074
【以案说法】 ……075
祸福共担　责任连带 ……075
【法条链接】 ……077
【扩展阅读】 ……078
共同侵权是否适用连带责任 ……078
第八单元　你伤害了我不能一笑而过
——人身损害赔偿的范围和标准 ……079
【精讲精析】 ……079
一、人身损害赔偿的责任主体 ……079
二、人身损害的赔偿项目 ……080
三、人身损害赔偿标准 ……082
【典型案例】 ……084
案例一　黄某某诉汪某人身损害赔偿案 ……084
案例二　王某诉杨某等人身损害赔偿案 ……086
【以案说法】 ……088
案例一　言顺无需名正　赔偿首要定性 ……088
案例二　血浓于水:遗腹子同样可以是法律主体 ……089
【法条链接】 ……090
【扩展阅读】 ……099
交通事故后鉴定当日意外死亡如何赔偿? ……099
第九单元　当财产受到侵犯时该如何应对
——财产损害赔偿的范围和标准 ……100
【精讲精析】 ……100
一、侵害物权的行为 ……101
二、侵害物权的责任方式 ……102
三、侵害知识产权的损害赔偿 ……103
【典型案例】 ……104

某卤制品厂诉柏某侵权纠纷案 ……104
【以案说法】……106
商标不止是名称，更是法律权益 ……106
【法条链接】……107
【扩展阅读】……112
手机"被吸费"　电讯公司不能置身事外 ……112
第十单元　我的灵魂同样值钱
——精神损害赔偿的范围和标准 ……114
【精讲精析】……114
一、精神损害赔偿法律关系 ……114
二、精神损害赔偿法律关系的主体 ……114
三、侵害人格权的精神损害赔偿 ……116
四、侵害人格利益的精神损害赔偿 ……121
五、侵害身份权的精神损害赔偿 ……122
六、侵害财产权的精神损害赔偿 ……125
七、精神损害赔偿额的计算 ……127
【典型案例】……129
杨某等诉宣威市某煤矿精神损害赔偿案 ……129
【以案说法】……131
法律尊重并保护伦理 ……131
【法条链接】……132
【扩展阅读】……135
墓地被毁能否获赔精神损害？ ……135

第一单元 有人擅自动了你的奶酪怎么办

——什么是民事侵权？

【精讲精析】

在人类社会中,人与人之间无时无刻不在发生着联系,每个人都可能从这种联系中获取自己需要的利益,并同时让出自己的某些利益。无论是以物易物还是贝壳为币,无论是黄金白银还是知识产权,其中所表征的核心内容仍是利益。只要有利益存在的地方,就不免会发生纠纷。这种纠纷可能是故意为之,也可能是无心之失,但殊途同归,无论是恶意还是善意,都可能给他人造成损害。社会生活中发生的一般损害在法律上被称为民事侵权,民事侵权通过侵权行为体现出来,并最终以侵权责任的形式得到解决。侵权如同生老病死一般无法避免,但侵权却可以通过合理的方式得以弥补。在我国,调整侵权的法律主要为《侵权责任法》,其解决的就是社会生活中一般的纠纷,比如有人没有经过你的同意,拿走了属于你的奶酪,这就属于民事侵权。

正是因为有利益的存在,才会有取得利益的行为,因为有行为,所以才会有法律的调整。这就是说,法律的实施是为了保护合法的利益不受非法行为的侵害,正如保护你的奶酪不被他人任意夺取一样。但是利益有很多种,身心健康、交易安全、婚丧嫁娶等皆为利益。那么,究竟哪些利益是受到法律保护的,哪些利益不受法律保护,受到法律保护的利益能在多大程度上得到法律的救济,就需要进一步明确。从民事法律的角度看,受到法律保护的利益被称之为"民事权益",即民事的权利和利益,区别于行政和刑事的权利和利益。

一、侵权行为的特征

简而言之,侵权行为就是侵犯权益的行为。具体而言,可以从以下三个方面理解:

(一)侵权行为是一种侵害或者损害他人民事权益的行为

侵权行为必然是一种侵害或者损害他人民事权益的行为,这就意味着行为人必然实施了一定的行为并且侵犯了他人的合法权益。比如,占有他人的财产。有的时候,当事人没有履行应当履行的义务也会构成侵权行为,人们将这称为不作为,如学校负有对学生进行积极管理和教育的义务,如果两个同学打架,学校不去制止,这就属于不作为,构成侵权行为。他人的合法权益包含了人身权益、财产权益和精神权益,侵权行为必然造成他人某些利益的损害,因为如果没有损害的发生,就无所谓侵权了。正所谓无侵权则无救济。

(二)侵权行为主要是因为行为人的过错引起的

在大量的侵权行为中,因为过错引起的侵权占绝大多数,也就是行为人必然有故意或者重大过失,他或者是故意侵害他人的合法权益,或者是出于重大的过失才导致了他人权益的损害。比如,甲因怨恨乙而毒死乙家一只羊,即为故意;丙因不慎将丁的电脑摔坏,即为重大过失。

(三)侵权行为的法律效果是要依法承担侵权责任

我国《侵权责任法》第2条第1款规定,侵害民事权益,应当依照本法承担侵权责任。这条实际上规定了侵权行为必须要承担相应的责任。但是,哪些行为构成侵权,哪些行为不构成侵权,则需要具体判断。比如,城市建设施工中的噪音或者扬尘,警车在夜间执行公务时鸣笛等,这些行为虽然会在不同程度上给他人造成损害,影响生活的正常进行,但是这些损害要么程度轻微,要么因为行为本身合法而被法律所允许。对于这些行为,行为人就不需要承担责任。但是,如果城市建设施工在深夜进行,该行为已经严重影响了居民的正常生活,远远超出了"轻微"这个"度",从常识即可判断其已经严重影响了居民正常的生活秩序,构成了侵权。

二、侵权行为的分类

2009年12月26日第十一届全国人大常委会第十二次会议颁布了《侵权责任法》,进一步为上述权利的保护提供了法律依据。在我国现实生活中,各种侵害私权的行为,诸如野蛮拆迁、有害食品、环境污染、滥用公权等现象时有发生,这就需要对私权提供完善的法律保护。《侵权责任法》明确提出了其要保护的范围:民事权益。《侵权责任法》第2条第2款所列举的保护的"民事权益"的范围非常广泛,共计十八项,几乎涵盖了目前全部的私权利,既包括人身权益,也包括财产权益,还包括精神权益。对《侵权责任法》所规定的"民事权益"进行整理，可以分为以下十二类：

（一）生命权

这是一个人能够作为人存活于世，从事一切活动，并进行人事交往的最基本的权益，如果生命权遭受侵害，毫无疑问，其他所有权益也就失去了存在的意义。

（二）健康权

健康权是一个人能够维系生命，从事正常社会活动的基础。如果健康权遭受损害，无疑会对其他权益能否正常行使造成影响。只有在健康的条件下，一个人方能随心所欲而不受羁绊，正所谓"身体是革命的本钱"。

（三）姓名权

姓名权即公民对自己的姓和名所享有的权利。这是一个人区别于另一个人的形式表现，所以每个人有权自己决定使用、改变自己的姓氏与名字，并且要求他人不能随意使用、改变自己的姓名。

（四）名誉权

名誉权是公民或者法人所获得的社会评价，这种评价是对公民或法人自身价值的肯定。名誉权看似无形，但这种无形的权利可以带来有形的、现实的利益或者损害。古人所谓"众口铄金""沽名钓誉"等，就是表现名誉对公民和法人的重要性，尤其是在传媒高度发达的今天更是如此。

（五）荣誉权

这是公民或者法人对他所获得的各种荣誉以及由这种荣誉所带来的利益进行支配的权利，比如员工获得"优秀工作者"称号等。荣誉权所体现出来的就是自己在一定范围内的价值被肯定。

（六）肖像权

肖像权不仅仅是一种精神利益，它也可以带来物质利益，因此只有公民自己才能决定对自己的肖像是否使用、如何使用。通俗而言，每个人都具有天生的与他人不同、独一无二的面孔，这意味着我们对此享有独占性的权利，包括改变自己的容貌，即整容。

（七）隐私权

现代社会越来越注重对隐私的保护，从法律上看，只要不涉及公共利益，就属于隐私，比如一个人的个人信息、私人活动以及私有领域。侵犯隐私，必然会对他人的正常生活造成影响，并有可能影响其他权利的正常行使。譬如，不合理地曝光他人的感情生活。例如曝光言某某因"劈腿"而致婚姻破裂或言某某因炒股而致精神失常等,皆属于侵犯他人的隐私权。

(八)婚姻自主权

现代社会的婚姻已经摆脱了传统社会所谓“父母之命,媒妁之言”的形式,从而走向了自由婚姻。婚姻自主包含了结婚自由和离婚自由,即只要是“郎情妾意”即可结婚,只要“覆水难收”即可离婚,而结婚与离婚均只取决于婚姻双方当事人,而与他人无关。

(九)监护权

监护是人类社会的独特现象,因为每个人在成长过程中都会经历一个漫长的未成年过程,而且某些特殊人群,比如精神病患者,需要他人的帮助来管理财产,保护其人身不受伤害。这种权利是为了保护被监护人的人身和财产不受非法侵害,并在已受到侵害时能够通过合理的途径进行救济。

(十)所有权

所有权是公民或者法人对于自己的财产是否使用、如何使用的权利。所有权是整个财产物权制度的核心,一个人只有对财产享有了所有权,才能有条件行使其他(诸如占有、使用、收益等)权利,即“此树是我栽,如要来乘凉,支付使用费”。

(十一)继承权

继承是一种财产的取得方式,公民可以依据遗嘱或者法律的规定,取得被继承人的遗产。这一权利的取得可以是法律规定的,也可以是依被继承人的遗嘱而取得的,而遗产不只局限于有形物,还包括无形物,也就是通常所说的知识产权,比如著作权等。

(十二)其他权利

《侵权责任法》的保护对象,比如著作权、商标权、专利权、股权、死者的名誉权、胎儿的权益等,这些权益有一个共同点,它们均是一个公民或法人完整地从事生产、生活的条件。

对上述这些权益的侵害,有可能不仅仅是民事侵权,也有可能构成更为严重的犯罪行为。比如对生命权或者健康权的侵害,完全有可能构成故意杀人罪或者故意伤害罪。那么在这种情形下,应该如何来区分呢?从我国法律规定看,由于同时发生的侵权和犯罪分属于民法和刑法两个法律部门调整,所以它们之间在处理上也就分开进行。侵权属于民法调整,犯罪属于刑法调整。一个行为构成犯罪后,犯罪人虽然已经承担了刑事责任,但是仍然不影响侵权责任的承担。比如,你的奶酪被偷,由于这个奶酪价值连城,那么小偷可能构成盗窃罪，这属于刑法上的犯罪，在小偷被刑事处罚后，你仍然可以通过民事侵权诉讼的方式，要求小偷赔偿你的损失。

三、侵权行为与违约行为及犯罪行为的关系

与侵权行为密切相关的行为是违约行为与犯罪行为。

违约行为实质上是一种合同责任，比如《合同法》第60条第2款规定，当事人应当遵循诚实信用原则，根据合同的性质、目的和交易习惯履行通知、协助、保密等义务。如果一方当事人违反了这些义务，那么就构成了违约。具体来看，有的义务是可以约定的，而有的义务则是法定的。对于法定义务而言，当事人不能任意约定，并且对这些法定的义务必须遵守，不能违反。比如，不能侵害国家和集体的利益，一旦违反了这些法定义务，就构成了侵权。另外，由违约而造成的全部损失并不是都能根据违约责任而获得赔偿，只有那些违约方在订约时能够合理预见到的损失才应当由违约方承担，而对于违约行为造成的人身伤亡和精神损害，并不能按照违约责任的形式要求赔偿，它可能引起侵权责任，也可能引起刑事责任。但是对于侵权行为而言，责任的产生并非是基于合同，更多的是由于发生了损害事实，这与违约责任并不相同。比如，甲乙二人做买卖，理当诚实守信，但甲收了货不付钱，这就是违约，而如果甲虽然付了钱，但是因与乙冲突而打了乙，甲打乙的行为就是侵权。

对于侵权行为与犯罪行为的区分，很显然，两者有非常密切的关联。如果侵权行为非常严重的话，就可能是犯罪行为了。比如有人盗窃了你价值连城的奶酪，那么这就有可能构成盗窃罪，而如果你的奶酪只值几十元钱，那么就只是侵权，而不是盗窃。因而，构成侵权行为，未必会构成犯罪行为。具体而言：第一，对犯罪行为进行处罚的依据是刑法，而对侵权行为进行调整的依据是民事法律。第二，侵权行为和犯罪行为可能都侵害了某一主体的财产权或者人身权，但是在许多情况下，犯罪行为不仅侵害了受害人的人身权益或者财产权益，还侵害了法律所保护的社会关系，比如政治关系、经济关系、婚姻关系等。很明显，犯罪行为具有更严重的社会危害性。第三，对于犯罪行为的惩罚，法律更注重对社会安全的保护，而对于侵权行为，法律则更注重对公民、法人合法权益的保护。

但这并不是说侵权行为、违约行为与犯罪行为之间就毫无关系。这三者在责任的承担上可能不同，但是有一点是相同的，即都具有明显的强制性特征，只是强制的程度不同。违约行为产生的责任稍轻，其次是侵权行为，犯罪

行为所承担的责任最重。

【典型案例】

杜某、冯某诉雅安某纸业有限公司人身、损害赔偿案[①]

原告杜某、冯某是外地来雅安打工的农民夫妻，与女儿杜某某(11岁)、儿子杜小某(9岁)共同居住在距离被告雅安某纸业公司厂区40米左右处，属于某涂料厂所有的简易建筑物内，该建筑物地势相对被告厂区低洼。1999年至2000年枯水期期间，被告未经科学论证，在没有报水利主管行政部门审批的情况下，擅自将厂区占地范围内的天然溪沟(当地称“麻柳沟”，长97.67米)全部用块石从河床内起拱，使流经厂区的天然溪沟变成了人工排水涵洞，涵洞的出口与雅安公路涵洞相连。2003年8月25日晚，雅安市某区突降自1952年以来的特大暴雨(以下简称“8·25”特大暴雨)。当晚，“麻柳沟”上游的洪水经被告修建的涵洞排泄时，冲破流经被告厂区的涵洞，冲垮被告厂区与雅安公路相邻的条石围墙后，将原告居住的房屋和财产冲毁，杜某某被洪水冲走致淹死，杜小某被洪水冲走致下落不明。

原告诉称：原告夫妻是外地来雅安打工的农民。2003年8月25日晚11时左右，由于被告擅自在自然形成的溪沟上修建涵洞等建筑物堵塞溪沟，致使洪水无法正常排泄，引起洪灾，造成原告儿子杜小某下落不明、以女儿杜某某死亡以及原告居住的房屋和家庭财产被冲毁的严重后果。原告要求被告赔偿杜某某死亡赔偿金103000元，家庭财产损失6260元，寻找、打捞和安葬子女的损失25691.50元，共计134951.50元。

被告辩称：本市“8·25”特大暴雨是不可抗力的自然灾害；原告居住的房屋地势低洼、结构简陋，对于其遭受损害存在过错；被告根据在自己享有使用权的土地上比照公路涵洞修建排水涵洞，原告的损害结果与被告修建的涵洞无关；公路涵洞也是造成洪灾的原因。请求法院驳回原告的诉讼请求。

---

①《中国审判案例要览(2005年民事审判案例卷)》，中国人民大学出版社、人民法院出版社2006年版，第244-251页。

【以案说法】

法律是利益的视线

这是一起典型的人身、财产损害赔偿案。原告夫妇所遭受的不仅有物质损失，还有精神损失。在本案的一审中，原、被告通过协商由雅安市水利水电勘测设计院对被告修建涵洞的行为与损害结果的发生之间的关系进行鉴定。

水利水电勘测院于2003年11月做出了鉴定报告：

一、被告修建涵洞和挡墙后的行洪断面与原天然沟床的行洪断面相比，人为减少80.8%，不能满足行洪要求。

二、由于被告修建涵洞和挡墙，行洪不能满足要求，使上游水位壅高，洪水漫过墙顶，并冲垮挡墙，形成溃坝，突然下泻，引起下游洪灾。

三、鉴于以上两条，杜某、冯某2003年8月25日遭受洪灾，人身、财产被损害与被告在其厂区内修建涵洞的行为存在因果关系。

法院在确认了被告修建涵洞的行为与原告所遭受的损失之间存在因果关系之后，就原告关于财产与人身损害的请求进行了审查。原告家庭财产被冲毁的事实以及原告提供的证人证言，法院予以采纳，最终判决被告赔偿原告财产损失人民币5000元。原告为打捞、寻找和安葬子女支出一定费用的事实，原告提供了相关证据，法院酌情采纳，判决被告赔偿原告寻找和打捞子女的损失人民币1万元。对于原告女儿杜某某的死亡赔偿金和安葬费，法院判决被告赔偿死亡赔偿金6万元，安葬费2000元。以上费用共计7.7万元。而关于原告的其他诉讼请求，法院予以驳回。一审判决做出后被告上诉，二审法院审理后驳回上诉，维持原判。

从法院对这起案件的审判看，法院的判决依据主要有以下两点：

一、被告修建涵洞等建筑物的行为违反了《中华人民共和国防洪法》第17条、第22条和第27条，以及《中华人民共和国水法》第19条、第27条和第28条的规定。

二、被告人的行为在客观上造成了原告损失的产生。原告杜某夫妇当时居住的房舍，右邻“麻柳沟”，背靠“周公堰”（周公河水电站的引水堰）和青衣江，正面是雅安公路和某公司厂区的条石围墙（距离被冲毁房屋约60米）。“8·25”特大暴雨当晚冲毁原告房屋的洪水既不是“周公堰”和青衣江泛滥，也不是“麻柳沟”溢出,而是来自被告某公司的厂区内。因此,虽然此次暴雨是自1952年有统计以来的最大暴雨,但是由于被告已经实施了违法行为(违法修建涵洞),所以不能免除被告的责任。而且,也正是由于被告的这一违法行为,导致洪水改道,给原告造成了巨大的损失。

分析这起损害可以发现,被告之所以将天然的排水沟用涵洞代替,根本目的就在于其对利益的追求。当这种追求利益的行为对他人的人身、财产和精神造成损害时,就要对自己的行为承担相应的责任。在本案中,责任的承担最终以金钱赔偿的形式表现出来,法院驳回了原告精神损害赔偿的请求,从适用法律上看,无可厚非。由此可见,这一损失的产生有天灾的成分,同时更多的是人祸。雅安市某法院对该案的判决当属合法。

商鞅曾言:“法者,国之权衡也。”富勒也说:“人类受制于法律,法律受制于情理。”民事法律皆植根于生活最基本处,侵权更是如此。正所谓“我”的奶酪虽然微不足道,但仍旧是“我”的财产,若有人擅自据为己有,依然侵犯了“我”对奶酪的所有权。

【法条链接】

中华人民共和国民法通则

第一一〇条 当事人一方不履行合同义务或者履行合同义务不符合约定条件的,另一方有权要求履行或者采取补救措施,并有权要求赔偿损失。

第一一八条 公民、法人的著作权(版权)、专利权、商标专用权、发现权、发明权和其他科技成果权受到剽窃、篡改、假冒等侵害的,有权要求停止侵害,消除影响,赔偿损失。

第一一九条 侵害公民身体造成伤害的,应当赔偿医疗费、因误工减少的收入、残疾者生活补助费等费用;造成死亡的,并应当支付丧葬费、死者生前扶养的人必要的生活费等费用。

第一二〇条 公民的姓名权、肖像权、名誉权、荣誉权受到侵害的,有权要求停止侵害,恢复名誉,消除影响,赔礼道歉,并可以要求赔偿损失。

法人的名称权、名誉权、荣誉权受到侵害的,适用前款规定。

中华人民共和国合同法

第一二二条 因当事人一方的违约行为,侵害对方人身、财产权益的,受损害方有权选择依照本法要求其承担违约责任或者依照其他法律要求其承担侵权责任。

中华人民共和国侵权责任法

第二条　侵害民事权益，应当依照本法承担侵权责任。

本法所称民事权益，包括生命权、健康权、姓名权、名誉权、荣誉权、肖像权、隐私权、婚姻自主权、监护权、所有权、用益物权、担保物权、著作权、专利权、商标专用权、发现权、股权、继承权等人身、财产权益。

第三条　被侵权人有权请求侵权人承担侵权责任。

第四条　侵权人因同一行为应当承担行政责任或者刑事责任的，不影响依法承担侵权责任。

因同一行为应当承担侵权责任和行政责任、刑事责任，侵权人的财产不足以支付的，先承担侵权责任。

【扩展阅读】

《大梦敦煌》著作权案诉争9年尘埃落定①

2000年4月，由某市歌剧舞剧院编排的舞剧《大梦敦煌》如火如荼地上演，作家许某从媒体看到对该剧演出盛况的报道后发现该剧剧情写道："曾经有一位美丽的少女月牙，为了真挚的爱情而以死相许，最后化成一泓美丽的月牙泉，依偎在自己恋人莫高的'身边'……"随后，许某找到《大梦敦煌》文学剧本，阅读后认为该剧的人物设置、故事情节和故事反映的年代等，完全是其小说《沙月恨》的翻版。

2001年5月9日，许某向某市中级人民法院递交了民事诉讼状，认为舞剧《大梦敦煌》与自己1987年发表的小说《沙月恨》所反映的时代背景和地理环境相同，主要人物设置及相互关系相同，故事的脉络主干相同，故事情节基本相同，舞剧《大梦敦煌》抄袭、剽窃了他的小说《沙月恨》，侵犯了其著作权，要求法院判令《大梦敦煌》编剧赵某、苏某及某市歌舞剧院立即停止对其版权的侵害，舞剧《大梦敦煌》未经原告许可不得再演出，在媒体上公开道歉，并赔偿直接经

①详见《〈大梦敦煌〉著作权案诉争9年尘埃落定》，http://www.chinawriter.com.cn/zjqy/2011/2011-12-14/109501.html

济损失50万元和精神损失费10万元。

2005年5月8日,某市中级人民法院以原告方证据不足为由,一审判决原告败诉。败诉后,许某不服判决,向省高级人民法院上诉。同年11月7日,省高院二审认为一审判决事实不清,证据不足,违反法定程序,裁定撤销,发回重审。2006年12月9日、2007年4月17日,某市中院组成合议庭,两次开庭审理此案。2011年6月22日,许某接到某市中院新做出的民事判决,再次驳回了他的诉讼请求。2011年8月23日,省高院依法公开开庭二审了该案,当事双方就案件的焦点问题展开了激烈的辩论。11月30日,省高院做出终审裁定:准许原告许某撤回起诉,双方终结诉讼,涉嫌侵权的某歌剧院赔偿作者许某13万元。

第二单元　并非所有人都要为自己的行为买单

——哪些人要承担侵权责任？

【精讲精析】

法国思想家卢梭曾说："无论是我或任何人，都不能摆脱法律的光荣与束缚，自然权利在被法律化之后，我们享受着法律保护我们权利的光荣，同时也负有法律所设定的义务的束缚。"尽管只要有侵权行为的发生，就会产生相应的赔偿，然而由于人类社会的复杂性，使得并不是每一个人都一定要为自己的行为买单。这其中就包含了三种情况：第一种，无民事行为能力人和限制民事行为能力人；第二种，国家机关及其工作人员；第三种，雇员和义务帮工者。除了上述三类主体之外，任何人都应当对他所实施的侵权行为承担责任。

无民事行为能力，即主体的认识能力尚不足以支持他完成民事活动，或他的认识能力局限在非常有限的范围内。根据我国法律的规定，无民事行为能力人包括：年龄不满10周岁的自然人，完全不能辨认自己行为的精神病人。限制民事行为能力人包括：年龄在10周岁以上不满18(16)①周岁的自然人，不能完全辨认自己行为的精神病人。对于无民事行为能力人和限制民事行为能力人而言，他们实施的侵权行为需要由各自的监护人承担。从我国法律的规定看，未成年人监护人的范围包括：(1)法定监护人。第一顺序是父母；第二顺序是祖父母、外祖父母；第三顺序是成年的兄、姐。在法定监护人中，只有前一顺序的监护人死亡或者依法被取消监护资格时，才能由后一顺序的监护人承担监护责任。但是同一顺序中，监护人的人数没有限制。(2)其他监护人。除了被监护人的父母、祖父母、外祖父母以及成年的兄、姐之外，其他人或者组织也可以成为监护人，但是必须符合一定的条件。比如法院指定或者接受委托。

---

①其中，已满16周岁，以自己的劳动收入作为主要生活来源，并且能够维持当地群众一般生活水平的，认定为完全民事行为能力人。

由于无民事行为能力人或者限制民事行为能力人并没有足够的财产来为自己的行为可能造成的损害承担责任,同时,由于这些主体缺乏必要的认识水平和认知能力,在很多情况下很难判断自己的行为会产生怎样的法律后果,所以才由监护人承担责任。正所谓“监护者,监督保护也”。所以,虽然由监护人承担责任,但是如果无民事行为能力人或者限制民事行为能力人有自己的财产的,应当先从他们的财产中进行支付,不足的部分由他们的监护人承担。比如成名的童星,或因继承而取得财产的无民事行为能力人及限制民事行为能力人。

对于夫妻离婚后,未成年子女侵害他人权益的,由与该子女共同生活的一方承担责任,但是如果一方独立承担确有困难的,可以同另一方共同承担。之所以如此,一方面是由于与该未成年子女共同生活的一方负有主要的监护义务,理应承担;另一方面是由于另外一方虽然不与该未成年子女共同生活,但基于血缘关系,仍然应到承担责任,其目的是为了保护受损方的权益。

由于学校和幼儿园等教育机构是未成年人相对集中的主要场所,因此,法律特别规定了在学校和幼儿园等教育机构没有尽到教育、管理、保护义务的情况下,未成年人遭受人身损害或者未成年人对他人造成人身损害时,学校或者幼儿园等教育机构应当承担相应的责任。

对于精神病人而言,其监护人的范围与未成年人的监护人范围基本相同,不同的是其配偶是第一顺序监护人,父母为第二顺序监护人,之后是成年的子女。

由此看来,对于无民事行为能力人或者限制民事行为能力人而言,虽然他们的行为造成了他人的损害,但是他们自己并不承担责任,而是由别人为他们的行为买单,这个人就是监护人。

但是,与无民事行为能力人或者限制民事行为能力人不同,国家机关工作人员并没有监护人,可是由于国家工作人员是行使国家公权力、执行职务的人,在执行职务的过程中不可避免地会侵害公民、法人的合法权益,这个时候应当由谁来买单呢?我国法律规定,国家机关工作人员(包括行政机关、审判机关、检察机关、军事机关等依法从事公务的人员)在执行公务的过程中,由于违法行为侵害了他人的合法权益,应当由国家对受害人进行赔偿。所以,国家机关工作人员不承担责任的条件是:(1)必须是在执行公务的过程中。如果一名警察已经下班,在回家途中与他人斗殴,致使对方遭受损害,就不属于在执行公务的过程中的情形。(2)必须是出于违法行为。如果是合法的行为,比如依法逮捕，即使给他人造成了损害，也不会产生赔偿的问题。由于国家机关工作人员这个主体具有特殊性，因此我国制定了《国家赔偿法》，专门规定这类侵权案件应当如何处理。一般情况下，《国家赔偿法》优先于《民法通则》《侵权行为法》而被适用。

国家机关工作人员可以看作是国家或者人民的“雇员”，那么同理，如果是雇主雇佣的雇员在雇佣活动中造成他人损害，雇主也应当承担责任。雇主与雇员为雇佣合同关系，这是整个为侵权行为承担责任的前提。因此，雇员在工作中所实施的行为乃是为了雇主，雇主在支付了相应的报酬之后，获取了雇员所创造的利益，他应当承担雇员在工作过程中对他人损害所产生的责任，而在雇主承担责任之后，可以向雇员追偿。这种“先外后内”的责任承担方式是为了更好地保护受害人的权益，因为雇主向被害人承担责任是一种侵权责任，而雇主向雇员主张追偿是一种违约责任。义务帮工的人在帮工过程中造成他人损害的，被帮工人也应当承担责任。但是如果被帮工人已经明确拒绝了帮工，帮工人仍然坚持帮工，并造成了他人损害的，被帮工人就不再承担责任。比如甲修缮房屋，乙去帮忙，但甲明确拒绝乙帮忙，乙还是帮甲修缮房屋，后来由于乙的疏忽而致丙受伤，此时应该由乙承担责任，但是如果甲对乙的请求不置可否，则视为甲默认同意乙帮忙，此时乙造成丙受伤则应由甲承担责任。当然，在此情况下，甲在承担责任之后可以向乙追偿。

由此可见，国家机关工作人员、雇员和义务帮工人不需要对自己的侵害行为买单，而分别由国家、雇主和被帮工人买单。除了这些情形外，任何人都需要为自己的行为负责。

【典型案例】

吴某某诉匡某、杨某、丁某某、某小学人身损害赔偿案[①]

原告吴某某（未成年人）的法定代理人吴某诉称：2002年4月22日下午放学后，在某小学校园内，被告匡某（未成年人）在放飞带有缝纫机用针的纸飞机时，纸飞机上的缝纫机用针戳伤了原告吴某某的左眼。该缝纫机用针由被告杨某（未成年人）从家中带到学校，并由被告丁某某（未成年人）制作纸飞机后

①《中国审判案例要览（2005年民事审判案例卷）》，中国人民大学出版社、人民法院出版社2006年版，第261-265页。

将缝纫机用针固定在纸飞机的前端。现起诉要求被告匡某赔偿医疗费、交通费、住宿费、护理费、住院伙食补助费、残疾赔偿金、精神损害抚慰金共计115132.09元,被告匡某、杨某、丁某某的行为共同造成了原告的伤害结果,三位被告应承担连带赔偿责任,被告某小学在管理方面存在过错,应承担与其过错相应的赔偿责任。

被告匡某的法定代理人匡某某辩称:在本案中,匡某、杨某、丁某某三人虽无侵害原告的共同过错,但杨某带针、丁某某放针、匡某投掷纸飞机三种行为直接结合造成了原告左眼的伤害,这是无意思联络的共同侵权行为,三被告应承担连带责任,被告丁某某明知纸飞机是投掷的玩具,明知纸飞机飘落后可能击中人,却将针插入纸飞机的前部,并露出针尖,埋下了危险的隐患,所以,被告丁某某应承担主要责任。被告某小学对其学生在校内造成的损害,应承担与其过错相应的赔偿责任。原告要求赔偿的项目及数额与法律规定不符,原告存在擅自转院行为,擅自转院后产生的医疗费用应由原告自行承担,原告在保险公司已经获得理赔的费用应在赔偿总额中扣除。

被告杨某的法定代理人董某某未答辩,亦未出庭参加诉讼。

被告丁某某的法定代理人丁某辩称:被告丁某某的行为与原告损害结果之间没有事实和法律上的因果关系,即使法院最终认定有因果关系,也不是被告所言的连带赔偿责任,被告某小学没有尽到自己的义务,匡某法定代理人存在严重过错,应当承担最主要的责任。

被告某小学辩称:原告左眼受伤是由于被告匡某放飞带针头的纸飞机这一危险行为直接造成的,匡某的这一行为与原告受损害的结果之间存在直接的因果关系,且系在放学后,因此事故的结果应由被告匡某承担,学校在管理、教育等方面不存在瑕疵,故不应承担任何责任。

【以案说法】

责任最终都会找到归属

在本案中,直接侵权人是被告匡某,被告杨某、丁某某、某小学是否要承担赔偿责任以及承担责任的形式问题,是本案的焦点。本案系人身损害赔偿纠纷,根据民法的规定,被告承担责任应符合侵权行为的四个要件,即违法行为、损害事实、因果关系、主观过错。被告杨某将缝纫机用针带到学校,该缝纫机用针与其学习活动无关,对人身安全存在潜在的危险性。被告丁某某将该针安插于纸飞机前端的行为增加了该玩具对他人人身安全威胁的危险程度。尽管被告都属于无民事行为能力人,不具有法律意义上的主观过错,但可以以此推定其法定代理人在监护教育上存在过错,故被告均应负一定的赔偿责任。

对于原告、被告双方所争议的关于承担共同侵权民事责任的形式,究竟是连带责任还是按份责任的问题,涉及对无意思联络的数人侵权中侵害行为的直接结合和间接结合的界定。

根据民法理论,所谓"直接结合",是指数种行为结合程度非常密切,对加害后果而言,各自的原因力和加害部分无法区分。虽然这种结合具有偶然因素,但其紧密程度使数种行为凝结为一种共同的加害行为,从而对受害人产生了损害。数个行为人均直接实施了加害行为是"直接结合"的主要法律特征。

所谓"间接结合",是指多种原因行为的结合具有偶然性,这些行为对损害结果而言并非全部都是直接或者必然地导致损害结果发生的行为,其中某些行为或原因只是为另一种行为或原因直接或者必然导致损害结果发生创造了条件,而其本身不会也不可能直接或者必然产生损害结果。

在本案中,被告杨某和被告丁某某的行为只是为被告匡某的行为创造了条件,而其本身的行为并不可能直接产生损害结果,因此,应认定被告匡某、杨某、丁某某三人的行为属于间接结合,三位被告应按各自的过错大小及原因力比例承担责任。本案不属于无意思联络的数人侵权的直接结合情形,故上述三位被告不应承担连带赔偿责任。

由此可见,这些不为自己行为买单的侵权主体并非是以不负责任为由逃避责任,而是有他人替其买单。所以,有损害就有赔偿的情形仍然存在。不同的是,在其他情形下,受害人都是直接从加害人处获得赔偿,而在上述情形下,受害人是从未成年人的监护人处获得赔偿。因此从本质上看,受害人获得赔偿的权利没有丝毫改变。

【法条链接】

中华人民共和国民法通则

第九条 公民从出生时起到死亡时止,具有民事权利能力,依法享有民事权利,承担民事义务。

第十一条 十八周岁以上的公民是成年人,具有完全民事行为能力,可以独立进行民事活动,是完全民事行为能力人。

十六周岁以上不满十八周岁的公民,以自己的劳动收入为主要生活来源的,视为完全民事行为能力人。

第十二条 十周岁以上的未成年人是限制民事行为能力人,可以进行与他的年龄、智力相适应的民事活动;其他民事活动由他的法定代理人代理,或者征得他的法定代理人的同意。

不满十周岁的未成年人是无民事行为能力人,由他的法定代理人代理民事活动。

第十三条 不能辨认自己行为的精神病人是无民事行为能力人,由他的法定代理人代理民事活动。

不能完全辨认自己行为的精神病人是限制民事行为能力人,可以进行与他的精神健康状况相适应的民事活动;其他民事活动由他的法定代理人代理,或者征得他的法定代理人的同意。

第十四条 无民事行为能力人、限制民事行为能力人的监护人是他的法定代理人。

第三十六条 法人是具有民事权利能力和民事行为能力,依法独立享有民事权利和承担民事义务的组织。法人的民事权利能力和民事行为能力,从法人成立时产生,到法人终止时消灭。

第四十一条 全民所有制企业、集体所有制企业有符合国家规定的资金数额,有组织章程、组织机构和场所,能够独立承担民事责任,经主管机关核准登记,取得法人资格。

在中华人民共和国领域内设立的中外合资经营企业、中外合作经营企业和外资企业,具备法人条件的,依法经工商行政管理机关核准登记,取得中国法人资格。

第五十二条 企业之间或者企业、事业单位之间联营,共同经营、不具备法人条件的,由联营各方按照出资比例或者协议的约定,以各自所有的或者经营管理的财产承担民事责任。依照法律的规定或者协议的约定负连带责任的,承担连带责任。

第五十三条 企业之间或者企业、事业单位之间联营,按照合同的约定各自独立经营的,它的权利和义务由合同约定,各自承担民事责任。

最高人民法院《关于贯彻执行〈中华人民共和国民法通则〉若干问题的意见(试行)》

1.公民的民事权利能力自出生时开始。出生的时间以户籍为准;没有户籍证明的,以医院出具的出生证明为准,没有医院证明的,参照其他有关证明认定。

2.十六周岁以上不满十八周岁的公民,能够以自己的劳动取得收入,并能维持当地群众一般生活水平的,可以认定为以自己的劳动收入为主要生活来源的完全民事行为能力人。

3.十周岁以上的未成年人进行的民事活动是否与其年龄、智力状况相适应,可以从行为与本人生活相关联的程度、本人的智力能否理解其行为,并预见相应的行为后果,以及行为标的数额等方面认定。

4.不能完全辨认自己行为的精神病人进行的民事活动,是否与其精神健康状态相适应,可以从行为与本人生活相关联的程度,本人的精神状态能否理解其行为,并预见相应的行为后果,以及行为标的数额等方面认定。

5.精神病人(包括痴呆症人)如果没有判断能力和自我保护能力,不知其行为后果的,可以认定为不能辨认自己行为的人;对于比较复杂的事物或者比较重大的行为缺乏判断能力和自我保护能力,并且不能预见其行为后果的,可以认定为不能完全辨认自己行为的人。

中华人民共和国侵权责任法

第三十二条　无民事行为能力人、限制民事行为能力人造成他人损害的,由监护人承担侵权责任。监护人尽到监护责任的,可以减轻其侵权责任。

有财产的无民事行为能力人、限制民事行为能力人造成他人损害的,从本人财产中支付赔偿费用。不足部分,由监护人赔偿。

第三十三条　完全民事行为能力人对自己的行为暂时没有意识或者失去控制造成他人损害有过错的,应当承担侵权责任;没有过错的,根据行为人的经济状况对受害人适当补偿。

完全民事行为能力人因醉酒、滥用麻醉药品或者精神药品对自己的行为暂时没有意识或者失去控制造成他人损害的,应当承担侵权责任。

第三十四条　用人单位的工作人员因执行工作任务造成他人损害的,由用人单位承担侵权责任。

劳务派遣期间,被派遣的工作人员因执行工作任务造成他人损害的,由接受劳务派遣的用工单位承担侵权责任;劳务派遣单位有过错的,承担相应的补充责任。

第三十五条 个人之间形成劳务关系,提供劳务一方因劳务造成他人损害的,由接受劳务一方承担侵权责任。提供劳务一方因劳务自己受到损害的,根据双方各自的过错承担相应的责任。

第三十六条 网络用户、网络服务提供者利用网络侵害他人民事权益的,应当承担侵权责任。

网络用户利用网络服务实施侵权行为的,被侵权人有权通知网络服务提供者采取删除、屏蔽、断开链接等必要措施。网络服务提供者接到通知后未及时采取必要措施的,对损害的扩大部分与该网络用户承担连带责任。

网络服务提供者知道网络用户利用其网络服务侵害他人民事权益,未采取必要措施的,与该网络用户承担连带责任。

第三十七条 宾馆、商场、银行、车站、娱乐场所等公共场所的管理人或者群众性活动的组织者,未尽到安全保障义务,造成他人损害的,应当承担侵权责任。

因第三人的行为造成他人损害的,由第三人承担侵权责任;管理人或者组织者未尽到安全保障义务的,承担相应的补充责任。

第三十八条 无民事行为能力人在幼儿园、学校或者其他教育机构学习、生活期间受到人身损害的,幼儿园、学校或者其他教育机构应当承担责任,但能够证明尽到教育、管理职责的,不承担责任。

第三十九条 限制民事行为能力人在学校或者其他教育机构学习、生活期间受到人身损害,学校或者其他教育机构未尽到教育、管理职责的,应当承担责任。

第四十条 无民事行为能力人或者限制民事行为能力人在幼儿园、学校或者其他教育机构学习、生活期间,受到幼儿园、学校或者其他教育机构以外的人员人身损害的,由侵权人承担侵权责任;幼儿园、学校或者其他教育机构未尽到管理职责的,承担相应的补充责任。

【扩展阅读】

五岁儿童承担侵权责任吗？[①]

8岁的迈克和5岁的莎蓉住在同一条街道。一天，迈克在街上骑自行车玩，而莎蓉和其他一些孩子们也在街上嬉戏。当时，迈克好几次骑着自行车掠过莎蓉身边，莎蓉及其他孩子们认定迈克是想撞她。于是，一个名叫比宁的12岁男孩怂恿莎蓉拿石头砸迈克的自行车。莎蓉拿起一块石头向迈克的自行车扔了过去，不料这石头没碰到自行车，却正中迈克的前额，造成迈克前额裂口。手术后，迈克的母亲对莎蓉父母和莎蓉本人提起诉讼，诉称莎蓉对迈克的伤害具有主观上的故意和恶意，因而导致迈克的右眼近处撕裂。

被告答辩时否认原告的指控，并特别声明：莎蓉仅仅才5岁，主观上不具备故意和恶意行为的能力。

一审法院所援用的相关法律是：因未成年儿童故意和恶意行为导致他人的伤害，如果未成年儿童的行为应像成年人那样承担责任的话，那么其父母应承担上限为750美金的赔偿责任。一审法院考察了这个案件的具体情况后，认为：第一，莎蓉主观上并没有以迈克为攻击目标；第二，莎蓉尚属年幼，思维并不成熟，不可能预见到向自行车扔石块可能会发生的危险；第三，迈克所受的伤害并非出自被告的故意或者恶意的行为。因此，一审法院裁定被告不承担侵权责任。

解读

1．未成年人是否承担侵权行为责任，大陆法系和英美法系有着较大的差距。按照大陆法传统，儿童的侵权行为责任由其监护人承担严格的责任，但是在英美法系，儿童可以成为侵权行为责任的主体。

2．英美法古老的法律原则是，7岁以下的未成年人一般“推定为不具备实施故意伤害的能力”，但是这个原则现在基本上被否定。现在通常的看法是未成年人对他们的侵权行为承担责任。不过，他们的年龄以及与之相关的主观欠缺是有效的抗辩理由。

3．依普通法，父母一般不对其子女承担转承责任，除非父母充当了该子

---

①徐爱国：《五岁儿童承担侵权责任吗？》，载《名案中的法律智慧》，北京大学出版社2005年版，第15-16页。

女的“雇主”的角色。但是,现在美国各州有对这个问题的成文法,大体上都规定未成年人的父母为未成年人故意或者恶意的侵权行为承担上限为500美金到750美金的赔偿。而加州规定,父母为未成年故意侵权行为承担上限为1万美金的赔偿。在特定的情况下,比如未成年人枪击伤害他人,父母要承担上限为3万美金的损害赔偿。

第三单元　自己的错误自己承担

——过错责任适用于哪些情形？

【精讲精析】

在民事侵权中，责任如何认定是一个非常重要的问题，主要涉及归责原则的适用。归责原则是确定行为人侵权责任的标准和原则，是侵权责任法的核心，也是确定一切侵权责任的法律依据。从我国法律的规定看，主要有过错责任原则、过错推定责任原则、无过错责任原则和公平责任原则。

过错责任原则是最基本的归责原则，适用于一般侵权行为。也就是说，在我国法律中，如果没有特殊规定适用其他原则，那么就适用过错责任原则。所谓过错责任原则，是指当事人的行为给他人造成了损害，并且该当事人主观上存在过错，那么他就应该为自己的错误行为负责。比如《民法通则》第106条第2款规定，公民、法人由于过错侵害国家、集体的财产，侵害他人财产、人身的，应当承担民事责任。比如，甲因琐事与乙产生纠纷，因而寻机报复乙，趁夜色将乙的车划伤，甲的行为就是在故意的基础上产生的，因而从甲的心理状态分析，甲存在过错。

一、过错责任原则的要件

具体来说，适用过错责任必须同时具备以下四个要件：

第一，有损害事实。这意味着已经实际发生了真实的损害，而不是幻想的损害。它包括财产损害、人身伤害和精神损害。也就是说，这种损害事实已经让受害人原本平静的生活起了波澜，影响了他正常的生活。损害事实是客观存在的，必须通过一定的形式表现出来。比如某人身体受到了伤害，那么他相应的器官必然会受到某些影响，又比如某人精神受到了损害，那么他可能会有异于常人的一些行为。

第二,行为人的行为是违法行为。所谓违法行为,即行为人实施的行为没有法律依据,是被法律所禁止的。如果反过来,行为人实施的是合法的行为,比如警察依法逮捕犯罪嫌疑人,限制了犯罪嫌疑人的人身自由,或在抓捕的过程中造成了犯罪嫌疑人受伤,那么就不存在侵权。

第三,行为人实施的违法行为和损害结果之间存在因果关系。这就是说,正是有了违法行为,所以才会出现损害结果。同样,损害结果的出现只能是由行为人的违法行为引起的,而不是其他原因引起的。如果有其他原因,那么就不能认定侵权责任了。换句话说,违法行为和损害结果之间的关系是“一个萝卜一个坑”。

第四,行为人在主观上有过错。如果行为人主观上没有过错,但是仍然造成了他人的损害,并不意味着他不承担责任,而是可能会适用别的归责原则。因此,在过错责任原则看来,自己的错误自己承担,有错误承担责任,没有错误不承担责任。具体来说,这种错误包含两种:故意和过失。故意即行为人积极追求或者放任损害结果的出现,也就是说,损害结果的出现正合行为人的本意。而过失却与此不同,损害结果的出现并不是行为人想要的结果,但是行为人在主观心理上有一定的疏忽大意或者过于自信。比如,一个人受委托看管一个3岁的小孩,这个小孩要去接开水,受委托人认为这种小事应该不会出现问题,所以没有阻止,但是这个小孩却不慎被烫伤,这就是行为人的主观心理过于自信的表现,轻信小孩被烫伤能够避免。认定过失的时候,必须是行为人负有某种义务,如果他没有义务,那么责任就无从谈起。比如,如果一个人并不是受委托看管小孩,而只是去做客,小孩的父母由于做饭没有时间照看,那么即使最终小孩被烫伤,也不能认定其侵权。

以上这四个要件缺一不可,只有在同时具备时才能适用过错责任原则。

二、一般侵权责任的种类

概括地讲,过错责任适用于一般侵权行为。具体地讲,一般侵权责任包含以下七种:妨害经营、商业诽谤、网络侵权、恶意诉讼、侵害知识产权、侵害商业秘密和侵害债权。

(一)妨害经营

妨害经营的侵权行为,就是在商业领域中,以故意或者过失的违法行为妨害他人正常经营活动,造成经营者利益损害的商业侵权行为。妨害经营的侵权行为主要包括以下三种情形:

1.恶意联合抵制

在商业活动中，两个或者两个以上的经营主体联合起来，为了某种经济利益而恶意拒绝从事某种经营活动、购买某种商品或者接受某种服务，造成被抵制经营主体经营利益损害的侵权行为。恶意联合抵制总是多数人进行的行为，当恶意联合抵制侵权责任由多数人共同构成时，恶意联合抵制的行为应当承担共同侵权的连带责任。比如在一风景名胜区内，甲与众多本地旅行社雇用第三方通过威胁、恐吓、阻拦等手段，阻止外地旅行社乙进入该名胜区内营业，即构成恶意联合抵制。

2.非法罢工

非法罢工是指罢工违反了法律规定，比如占领工厂，堵塞大门，阻止所有员工进厂，阻止雇主雇用其他工人维持营业运转，用暴力恫吓、阻碍或者封锁企业的出入通道，阻止本企业所生产商品的自由流通，阻止或者诱使与本企业有业务往来的其他企业的雇主停止业务往来等。很显然，合法的罢工是法律所允许的，但是在罢工的过程中超过了必要的限度，则依然违反了法律的规定，成为非法行为。非法罢工所造成的损害应当在过错责任的范围内承担责任。

3.损害性评论

损害性评论就是指对经营造成不利影响的语言等，包括传播有关经营者的虚假信息，对经营者发表不当评论，对经营者表达侮辱性言辞等。对此，应当从两个方面来分析：一是是否具有损害的故意，二是是否造成了损害的事实。在网络发达的现代社会，信息的传播途径非常广泛，传播速度非常迅速，因此，损害性评论已不局限于直接对经营者表达，还可通过其他途径进行。

由此可见，不管是恶意联合抵制、非法罢工，还是损害性评论，这些行为的实施均是非法行为，而且都给他人造成了损害。这种行为加事实的模式正是侵权行为的表现形式。

（二）商业诽谤

商业诽谤就是指通过捏造、伪造事实或者虚假信息，对特定商事主体的商誉、商品或者服务进行贬低或者诋毁，造成其商业利益损失的行为。认定一个行为是否构成商业诽谤，需要同时具备以下四个条件：

1.捏造事实

捏造事实也就是说不存在的、捏造的事实，这一事实足以降低别人对其商品或者服务的社会评价，从而影响交易的进行。比如，某一经营主体散布其竞争对手的产品含有非法添加剂的消息,后来经检验,其产品并不含非法添加剂,这就属于捏造事实。而如果其产品果真含有非法添加剂,则该“事实”就不是虚假的,而是真实的。

2.虚假信息的公布

虚假信息只有公布才能构成商业诽谤,公布的途径可以有很多种,比如散布谣言、通过媒体发布虚假信息、向客户做关于竞争方的虚假介绍等,公布意味着这一虚假信息已被不特定的多数人所知晓,将可能导致利益的损失。

3.商业利益损害的事实

商业诽谤必然导致实际商业利益损失的发生。也就是说,在认定商业诽谤行为时,原告必须举证证明自己因为遭受诽谤而导致商业利益方面的损失。这种损害包括由于商业诽谤行为而遭受的直接损失,也包括部分间接损失。

4.行为主体存在过错

行为主体对商事主体的商誉、商品或者服务进行侵害的主观要件可以为故意,也可以为过失。商业诽谤的故意,是指行为人明知自己的行为会造成商事主体商誉、产品或者服务的贬损,将危害其商业利益,却仍然加以实施或者听任损害发生的心理状态。商业诽谤的过失,是指行为人对商事主体的诽谤后果采取了放任的心理状态,结果由于自己的行为造成了商事主体的商誉、产品或者服务受到了毁损。一般认为,当行为主体为经营者时,受害人无须证明行为人的心理状态是故意还是过失,只要有虚假陈述,造成损害,就构成商业诽谤。

对于商业诽谤的行为,表现形式有很多种,有时实施商业诽谤的行为人为经营者自己,但是有时经营者并不亲自实施,而是唆使、收买或利用其他人向有关部门和媒体反映,或者直接与相关管理部门或媒体恶意串通,对竞争对手做虚假投诉、报道。一般而言,主要集中在商誉、商品和服务三个方面。值得注意的是,这种唆使、利用他人所进行的商业诽谤行为并不能免除唆使者和利用者的责任,他们同样要承担相应的责任。

(三)网络侵权

互联网的发展为网络侵权提供了温床。网络侵权一般以是否存在过错作为认定是否侵权的标志。一般而言,判断网络内容是否存在侵权,可以分为以下几种情况来认定:第一,网络内容的提供者明知或者应当知道其创作、采编和转载的信息存在权利上的瑕疵,仍然进行传播,此时网络内容的提供者的过错就显而易见,因而,网络内容的提供者可能因此而承担责任。第二,由于信息提供者的误导,网络内容提供商无法判断权利是否存在瑕疵,此时,网络内容提供商应当向信息源提供者询问,以明确信息是否存在权利瑕疵。如果网络内容提供者没有进行询问就发布信息,则认定为存在过错。第三,网络内容提供商通过询问、审查等,仍然不能判断信息是否存在瑕疵,则认为不存在过错。对网络上的"造谣",如果尚不构成刑事责任,那么可能构成民事侵权责任。

这就是说,网络侵权实际上是借助网络这一新兴的媒介侵犯了他人的著作权、名誉权、荣誉权等的行为,但是不包括身体的损害。因为,网络的侵权无法直接对当事人的身体造成损害。这种侵害他人名誉权和荣誉权的网络侵权给受害人造成的损失以及它所产生的法律后果,与普通侵权并无二致,只是由于网络这一特殊的媒介,在其中增加了信息提供者这一主体,而且,由于网络内容提供商对信息组织者所提供的信息进行鉴别、筛选和认知的不同,责任的承担也可能不同。

(四)恶意诉讼

恶意诉讼是指为达到某种不正当的目的,行为人明知自己的请求缺乏事实和法律的依据,仍然以诉讼的方式提出,从而不正当地行使法律赋予的诉讼权利。构成恶意诉讼,需要具备以下几个条件:

1.恶意诉讼者主观上具有恶意

所谓主观上具有恶意,是说当事人的目的不是为了自己的权利得到维护,而是为了让别人的利益受到损害,即他进行诉讼的目的不单纯、不正当。如果恶意诉讼者诉讼目的实现的直接后果是使他人的合法权益遭受损害,而并非如正常诉讼是为了维护自己的合法权益,那么,恶意诉讼的主体就要对自己的行为承担相应的责任。

2.恶意诉讼者实施了没有正当理由和事实依据的行为

恶意诉讼的进行是以获取非法利益为目的,并在这种不正当目的之下实施相应的行为。比如,以扩大个人或者企业知名度为目的的投机诉讼,为了诋毁对方名誉或者其他非法目的进行的诉讼,以转移财产、逃避债务为目的的诉讼。

3.恶意诉讼造成了他人民事权益的损害

对此法律没有明确的规定,一般而言,只要是他人为了应对诉讼所支出的直接费用和遭受到的直接损失,都可以算作民事权益的损害。

上述三个条件缺一不可,如果其中某个条件不具备,那么就不构成恶意诉讼。比如,如果诉讼是为了维护自己的合法权益,但诉讼的结果却造成了他人合法权益的损害,这就不属于恶意诉讼。

(五)侵害知识产权

知识产权包含著作权、专利权、商标专用权、发现权、发明权和其他科技成果的权利。我国《民法通则》第118条对此做了明确的规定,并且在《专利法》《商标法》《著作权法》等各类知识产权立法中也都明确规定了相应的侵权行为种类和具体的表现形式。

侵犯著作权、专利权和商标权的行为通常表现为未经权利人同意,非法使用或者非法转让其作品及商标,但是并不以是否从中获取了利益为要件,即只要是非法的使用或者转让了权利人所享有的著作权、专利权和商标权的行为,就构成了侵权。很显然,在侵害知识产权的侵权案件中,损害结果是否出现不是认定侵权的条件,其只是责任承担轻重的考量。

(六)侵害商业秘密

商业秘密是指能为行为人带来经济利益,具有实用性并经权利人采取保密措施的技术信息和经营信息,一旦泄密就会对持有人造成经济损失。比如,设计、程序、产品配方、制作工艺、制作方法、管理诀窍、客户名单、货源情报、产销策略、招投标中的标底及标书内容信息等。一般而言,商业秘密的构成必须具有三个要件:

1.非公开性

非公开性,即作为商业秘密的信息不为公众所知悉,该信息从公开渠道是无法获得的。如果能够从公开渠道获得,那么就根本不构成秘密,即不存在"公开的秘密"。但是,如果本来是商业秘密,后来经侵权人公布而可以从公开渠道获得,那么首先公开这一商业秘密的人就构成了侵权,而之后因不知情而从公开渠道获得的人就不构成侵权。

2.实用性

实用性就是说该秘密具有经济价值,能为权利人带来经济利益。如果一项商业秘密无法为权利人带来经济效益,那么他人也很可能不会对此感兴趣。但是,如果一项商业秘密由于它的特殊性,在当时的条件下并不能立即产生经济效益,但是它确实存在潜在的经济效益,一旦时机成熟,就会产生相应的经济价值,这也意味着该商业秘密具有实用性,只是暂时缺乏实现经济效益、表现其实用性的条件,那么,对此商业秘密的侵害就构成侵权。

3.保密性

保密性，即权利人采取了合理的保密措施，包括订立保密协议、建立保密制度以及采取其他合理的保密措施。很明显，但凡是秘密，必定是严格保密的，但这种保密并不意味着它不可能被他人知道，因为保密工作的实施者依然是人。因此，只要是采取了合理的保密措施或者制定了合理的保密制度，就认定其具有保密性，至于哪种措施或制度属于合理，则是一个具体判断的问题。

（七）侵害债权

侵害债权是指债的关系当事人以外的第三人故意实施妨害债权的实现，使债权人的利益因此遭受损失，应当承担损害赔偿等责任的侵权行为。在实践中，通常的责任承担形式有以下几种：

1.第三人单独承担责任

这是最常见的责任承担形式，构成要件为：第一，第三人侵害了债权；第二，债务人没有过错，不负侵权责任。这两个要件缺一不可。第三人侵害债权的形式也多种多样，比如对债务人实施了限制人身自由的行为，使得债务人无法履行债务，又比如第三人直接损害了标的物，使得债权债务不可能实现。债务人必须没有过错，损害完全是由第三人造成的，第三人需要独立承担责任。如果有多个第三人共同侵害债权，那么他们之间应当承担连带责任。

2.第三人和债务人承担连带责任

第三人和债务人承担连带责任，即债务人对债权人债权的侵害负有责任，或者是同第三人一起实施了侵害债权的行为，或者是没有尽到必要的注意义务，使得债权遭受了侵害。此时，债务人和第三人共同承担责任。与第三人单独承担责任相比，明显的区别在于债务人的作为或者不作为对债权造成了损害。作为就是故意，比如与第三人串通；不作为就是放任，比如听凭第三人毁损标的物而不制止。在这两种情况下，债务人就需要和第三人承担连带责任。

三、过错推定责任的适用情形

除了上述适用过错责任的情形外，还有一种责任形式：过错推定责任。过错推定责任实际上是特殊情形下的过错责任。具体而言，如果受害人能证明他所受到的损失是由于加害人的行为所致，而加害人又不能证明自己没有过错，那么就推定加害人具有过错，应当对损害的发生承担责任。很明显，这一责任形式加重了加害人承担责任的情形，所以它的适用受到严格的限制，具体而言，仅仅适用于以下几种情形：

(一)被监护人侵权

无民事行为能力人、限制民事行为能力人造成他人损害的,由他的监护人承担责任。如果监护人尽了监护责任,可以相应地减轻其民事责任。夫妻离婚后,未成年子女侵害他人合法权益的,由同该子女共同生活的一方承担民事责任,但是如果独立承担确有困难的,可以责令另一方也承担相应的民事责任。

(二)学校、幼儿园等教育机构的责任

对未成年人依法负有教育、管理、保护义务的学校、幼儿园或者其他教育机构,未尽职责范围内的相关义务致使未成年人遭受人身损害,或者未成年人致使他人人身损害的,应当承担与其过错相适应的赔偿责任。这里的学校包括了国家或者社会力量举办的全日制中小学、特殊教育学校、各类中等职业学校、高等学校等。而学校或者其他教育机构承担责任的依据是它的教育、管理和保护行为违反了《教育法》的相关规定。比如,小学生甲和乙在教室打架,但是班主任老师丙接到其他同学举报后并没有去制止,而是置之不理,最终甲将乙打伤,花去医药费若干。这种情形下,代表学校对学生进行管理的丙就有过错,学校也应当承担责任。但是,如果丙在接到通知后,积极赶往教室,但还是没来得及阻止乙被甲打伤,花去医药费若干。这种情形下,就可以减轻或者免除学校的责任。

(三)未尽到安全保障义务的人身损害赔偿责任

提供住宿、餐饮、娱乐等活动或者其他社会活动的自然人、法人、其他组织,没有尽到合理限度内的安全保障义务,致使他人遭受人身损害的,赔偿义务人应当承担相应的赔偿责任。如果损害结果是由于第三人的侵权行为导致,就由第三人承担赔偿责任,但并不必然免除服务提供者的责任。

一般而言,没有尽到安全保障义务的情形包括:第一,装备设施未尽安全保障义务,存在瑕疵或者缺陷。比如,某商场在通道上安装的玻璃门未设置警示标志,一般人很难发现这是一扇门,顾客通过时撞在门上造成伤害。对此,商场就应当承担未尽安全保障义务的人身损害赔偿责任。第二,服务管理者未尽安全保障义务,造成他人人身损害。比如,甲、乙等人去某KTV娱乐场所唱歌,由于临近包厢的丙等人喝酒闹事,闯进甲、乙等人的包厢后打伤了乙,而在此过程中,该KTV娱乐场所并未采取任何制止措施,那么该娱乐场所就需要对乙受的伤害承担责任。第三,防范制止第三人侵害的注意义务不够。比如,某小区物业管理公司的人员没有尽到合理的安全管理责任,致使小偷轻易进入居民家中实施盗窃，就属于此种情形。

（四）物件致害

物件致害是指建筑物或者其他设施以及建筑物上的搁置物、悬挂物发生倒塌、脱落、坠落而造成他人损害，道路、桥梁、隧道等人工建造的构筑物因维护、管理瑕疵致人损害，堆放物滚落、滑落或者堆放物倒塌致人损害，树木倾倒、折断或者果实坠落致人损害等侵权行为。对于上述几种情形，由其所有人或者管理人承担民事责任，但是如果所有人或者管理人能够证明自己没有过错的，就不承担责任。比如，能够证明是受害人自己过错或者是由于第三人的行为所致的损害，所有人或者管理人无需承担责任。

【典型案例】

交通事故致人损害赔偿案

2012年5月5日15时0分许，吴某驾驶"长城"牌轻型普通货车（登记车主：汪某某），行驶至成都市"天府大道"南四段与朱某某驾驶的自行车发生碰撞，致使朱某某身体受伤并车辆受损；该事故经交通管理部门认定吴某承担全部责任。事故发生后，朱某某被送往四川石油管理局总医院急诊，产生医疗费2409.50元，后转院至四川大学华西医院住院治疗24天，产生医疗费44498.91元，医嘱建议"加强营养""休息3个月"；朱某某出院后在成都大学附属医院门诊就诊，产生医疗费2207.35元，自行在药铺购买药品，产生医疗费791.50元（四笔费用共计为49907.26元）；朱某某所受伤情按照"工伤标准"鉴定为伤残8级，产生鉴定费2400元，按照"交通事故标准"鉴定为伤残10级，产生鉴定费760元；朱某某户籍地为广东省，其受损自行车经定损为8430元；"长城"牌轻型普通货车向某保险公司投保了"交强险"12.20万元、"三者险"50万元和"不计免赔特约险"，但未投保"精神抚慰金险"；吴某已向朱某某支付了费用55338.41元（医疗费46908.41元+财产损失费8430元），另向护理人员支付了护理费3055元。该事故经交通管理部门认定吴某负全责。

由于双方未就赔偿事宜达成一致，朱某某诉至法院，请求吴某赔偿：医疗费2998.85元、交通费604元、误工费17447.93元[55864元/年÷365天/年×（24天+90天）]、鉴定费2400元、残疾赔偿金181600.26元（30266.71元/年×20年×30%）、后续医疗费12000元、财产（自行车）损失费12227元、精神抚慰金15000元，汪某某承担连带清偿责任;某保险公司承担代为支付责任。

法院在审理之后最终认定朱某某因该次交通事故造成的损失为:医疗费49907.26元(自费药部分18%为8983.31元)、护理费1920元、交通费300元、误工费17391.70元、残疾赔偿金66498.76元、财产(自行车)损失费8430元、精神抚慰金4000元,以上共计148447.72元。吴某支付了朱某某医疗费46908.41元、财产损失费8430元、护理费1920元,共计57258.41元,朱某某还应获得的赔偿数额为91189.31元(148447.72元-57258.41元),该笔费用由某保险公司直接向朱某某支付。同时某保险公司应向吴某支付垫付费用48275.1元(57258.41元-8983.31元)。

法院最终判决某保险公司于本判决生效之日起10日内支付朱某某因交通事故造成的各项损失共计91189.31元;某保险公司于本判决生效之日起10日内支付吴某48275.1元。

【以案说法】

损害已发生赔偿找依据

本案是一起典型的因交通事故致人损害引发的人身损害赔偿案件。吴某驾车与朱某某发生交通事故,吴某承担事故全部责任,应对造成的损失承担赔偿责任。某保险公司应依法承担保险责任。汪某某虽为登记车主,但其对本次交通事故的发生并无过错,不应承担赔偿责任。本案争议的焦点为朱某某主张的残疾赔偿金、精神损害抚慰金的认定以及后续医疗费是否能够得以支持。

关于朱某某主张的残疾赔偿金的问题。最高人民法院《关于审理人身损害赔偿案件适用法律若干问题的解释》第25条规定:"残疾赔偿金根据受害人丧失劳动能力程度或者伤残等级,按照受诉法院所在地上一年度城镇居民人均可支配收入或者农村居民人均纯收入标准,自定残之日起按20年计算。但60周岁以上的,年龄每增加1岁减少1年;75周岁以上的,按5年计算。"第30条规定:"赔偿权利人举证证明其住所地或者经常居住地城镇居民人均可支配收入或者农村居民人均纯收入高于受诉法院所在地标准的,残疾赔偿金或者死亡赔偿金可以按照其住所地或者经常居住地的相关标准计算。"第35条规定,解释所称的"城镇居民人均可支配收入""农村居民人均纯收入""城镇居民人均消费性支出”“农村居民人均年生活消费支出”“职工平均工资”，按照政府统计部门公布的各省、自治区、直辖市以及经济特区和计划单列市上一年度相关统计数据确定。“上一年度”，是指一审法庭辩论终结时的上一统计年度。本案中，根据朱某某提交的身份信息，其经常居住地为广东，本案可适用广东地区的相关标准计算朱某某的残疾赔偿金。本案一审法庭辩论终结时间为2013年，因此本案应适用2012年度广东省一般地区城镇居民人均可支配收入30226.71元为标准计算朱某某的残疾赔偿金。关于朱某某的残疾赔偿金系数问题。本案中，朱某某的伤残为两处10级，根据《道路交通事故受伤人员伤残评定》的规定，其伤残赔偿系数应为11%。综上，朱某某的残疾赔偿金应为：30226.71元/年×20年×11%=66498.76元。

关于朱某某的精神损害抚慰金的问题。根据最高人民法院《关于确定民事侵权精神损害赔偿责任若干问题的解释》第10条的规定，精神损害的赔偿数额应根据侵权人的过错程度、侵害的手段、场合、行为方式等具体情节、侵权行为所造成的后果、受诉法院所在地平均生活水平等因素综合予以确定。法院可以根据朱某某受伤的具体情况及本地区的生活水平等因素酌情确定朱某某的精神抚慰金。本案法院最终确认精神抚慰金4000元，并无不当。

关于朱某某主张的后续医疗费问题。最高人民法院《关于审理人身损害赔偿案件适用法律若干问题的解释》第19条第2款规定：“医疗费的赔偿数额，按照一审法庭辩论终结前实际发生的数额确定。器官功能恢复训练所必要的康复费、适当的整容费以及其他后续治疗费，赔偿权利人可以待实际发生后另行起诉。但根据医疗证明或者鉴定结论确定必然发生的费用，可以与已经发生的医疗费一并予以赔偿。”本案中对朱某某因交通事故必然产生的后续医疗费可以一并解决，但是如果朱某某并未提交证据证明其进行后续治疗需花费的费用，其主张后续费15000元并无相应证据予以证明，对于该费用在本案中不宜予以处理。朱某某可待后续医疗费实际发生后，另行依法予以主张。

因此，法院的判决当属正确。

【法条链接】

中华人民共和国民法通则

第一〇六条　公民、法人违反合同或者不履行其他义务的，应当承担民事责任。

公民、法人由于过错侵害国家的、集体的财产,侵害他人财产、人身的,应当承担民事责任。

第一一七条 侵占国家的、集体的财产或者他人财产的,应当返还财产,不能返还财产的,应当折价赔偿。

损坏国家的、集体的财产或者他人财产的,应当恢复原状或者折价赔偿。

受害人因此遭受其他重大损失的,侵害人并应当赔偿损失。

第一一八条 公民、法人的著作权(版权)、专利权、商标专用权、发现权、发明权和其他科技成果权受到剽窃、篡改、假冒等侵害的,有权要求停止侵害,消除影响,赔偿损失。

第一一九条 侵害公民身体造成伤害的,应当赔偿医疗费、因误工减少的收入、残疾者生活补助费等费用;造成死亡的,并应当支付丧葬费、死者生前扶养的人必要的生活费等费用。

第一二〇条 公民的姓名权、肖像权、名誉权、荣誉权受到侵害的,有权要求停止侵害,恢复名誉,消除影响,赔礼道歉,并可以要求赔偿损失。

第一二七条 饲养的动物造成他人损害的,动物饲养人或者管理人应当承担民事责任;由于受害人的过错造成损害的,动物饲养人或者管理人不承担民事责任;由于第三人的过错造成损害的,第三人应当承担民事责任。

第一三一条 受害人对于损害的发生也有过错的,可以减轻侵害人的民事责任。

第一三三条 无民事行为能力人、限制民事行为能力人造成他人损害的,由监护人承担民事责任。监护人尽了监护责任的,可以适当减轻他的民事责任。

有财产的无民事行为能力人、限制民事行为能力人造成他人损害的,从本人财产中支付赔偿费用。不足部分,由监护人适当赔偿,但单位担任监护人的除外。

最高人民法院《关于贯彻执行〈中华人民共和国民法通则〉若干问题的意见(试行)》

139.以营利为目的,未经公民同意利用其肖像做广告、商标、装饰橱窗等,应当认定为侵犯公民肖像权的行为。

140.以书面、口头等形式宣扬他人的隐私,或者捏造事实公然丑化他人人格，以及用侮辱、诽谤等方式损害他人名誉，造成一定影响的，应当认定为侵害公民名誉权的行为。

以书面、口头等形式诋毁、诽谤法人名誉，给法人造成损害的，应当认定为侵害法人名誉权的行为。

141.盗用、假冒他人姓名、名称造成损害的，应当认定为侵犯姓名权、名称权的行为。

149.盗用、假冒他人名义，以函、电等方式进行欺骗或者愚弄他人，并使其财产、名誉受到损害的，侵权人应当承担民事责任。

150.公民的姓名权、肖像权、名誉权、荣誉权和法人的名称权、名誉权、荣誉权受到侵害，公民或者法人要求赔偿损失的，人民法院可以根据侵权人的过错程度、侵权行为的具体情节、后果和影响确定其赔偿责任。

158.夫妻离婚后，未成年子女侵害他人权益的，同该子女共同生活的一方应当承担民事责任；如果独立承担民事责任确有困难的，可以责令未与该子女共同生活的一方共同承担民事责任。

159.被监护人造成他人损害的，有明确的监护人时，由监护人承担民事责任；监护人不明确的，由顺序在前的有监护能力的人承担民事责任。

160.在幼儿园、学校生活、学习的无民事行为能力人或者在精神病院治疗的精神病人，受到伤害或者给他人造成损害，单位有过错的，可以责令这些单位适当给予赔偿。

最高人民法院《关于审理人身损害赔偿案件适用法律若干问题的解释》

第七条　对未成年人依法负有教育、管理、保护义务的学校、幼儿园或者其他教育机构，未尽职责范围内的相关义务致使未成年人遭受人身损害，或者未成年人致他人人身损害的，应当承担与其过错相应的赔偿责任。

第三人侵权致未成年人遭受人身损害的，应当承担赔偿责任。学校、幼儿园等教育机构有过错的，应当承担相应的补充赔偿责任。

中华人民共和国侵权责任法

第六条　行为人因过错侵害他人民事权益，应当承担侵权责任。

根据法律规定推定行为人有过错，行为人不能证明自己没有过错的，应当承担侵权责任。

中华人民共和国建筑法

第三十九条 建筑施工企业应当在施工现场采取维护安全、防范危险、预防火灾等措施;有条件的,应当对施工现场实行封闭管理。

施工现场对毗邻的建筑物、构筑物和特殊作业环境可能造成损害的,建筑施工企业应当采取安全防护措施。

第四十一条 建筑施工企业应当遵守有关环境保护和安全生产的法律、法规的规定,采取控制和处理施工现场的各种粉尘、废气、废水、固体废物以及噪声、振动对环境的污染和危害的措施。

中华人民共和国公路法

第三十二条 改建公路时,施工单位应当在施工路段两端设置明显的施工标志、安全标志。需要车辆绕行的,应当在绕行路口设置标志;不能绕行的,必须修建临时道路,保证车辆和行人通行。

第三十九条 为保障公路养护人员的人身安全,公路养护人员进行养护作业时,应当穿着统一的安全标志服;利用车辆进行养护作业时,应当在公路作业车辆上设置明显的作业标志。

公路养护车辆进行作业时,在不影响过往车辆通行的前提下,其行驶路线和方向不受公路标志、标线限制;过往车辆对公路养护车辆和人员应当注意避让。

公路养护工程施工影响车辆、行人通行时,施工单位应当依照本法第三十二条的规定办理。

中华人民共和国道路交通安全法

第一〇四条 未经批准,擅自挖掘道路、占用道路施工或者从事其他影响道路交通安全活动的,由道路主管部门责令停止违法行为,并恢复原状,可以依法给予罚款;致使通行的人员、车辆及其他财产遭受损失的,依法承担赔偿责任。

有前款行为,影响道路交通安全活动的,公安机关交通管理部门可以责令停止违法行为,迅速恢复交通。

第一〇五条 道路施工作业或者道路出现损毁,未及时设置警示标志、未采取防护措施,或者应当设置交通信号灯、交通标志、交通标线而没有设置或者应当及时变更交通信号灯、交通标志、交通标线而没有及时变更,致使通行的人员、车辆及其他财产遭受损失的，负有相关职责的单位应当依法承担赔偿责任。

第一〇六条　在道路两侧及隔离带上种植树木、其他植物或者设置广告牌、管线等，遮挡路灯、交通信号灯、交通标志，妨碍安全视距的，由公安机关交通管理部门责令行为人排除妨碍；拒不执行的，处二百元以上二千元以下罚款，并强制排除妨碍，所需费用由行为人负担。

中华人民共和国保险法

第六十五条　保险人对责任保险的被保险人给第三者造成的损害，可以依照法律的规定或者合同的约定，直接向该第三者赔偿保险金。

责任保险的被保险人给第三者造成损害，被保险人对第三者应负的赔偿责任确定的，根据被保险人的请求，保险人应当直接向该第三者赔偿保险金。被保险人怠于请求的，第三者有权就其应获赔偿部分直接向保险人请求赔偿保险金。

责任保险的被保险人给第三者造成损害，被保险人未向该第三者赔偿的，保险人不得向被保险人赔偿保险金。

责任保险是指以被保险人对第三者依法应负的赔偿责任为保险标的的保险。

【扩展阅读】

保险游览项目　游客受伤致残[①]

2010年9月2日，谭女士等4人和被告南京某旅行社签订了《江苏省出境旅游合同》，合同第6条补充条款中约定：4位客人由南京某国际旅行社转交上海某国际旅行社操作。当天，谭女士等4人各支付团款14590元。

当天，上海某国际旅行社通过网络将巴厘岛出团通知、行程单等传输给南京某旅行社。在推荐自费游览表介绍的第16项中，有南湾水上活动项目“飞鱼”，价格为每人35美元，并在所有水上活动项目下用同号字体标明：“各项水上活动请注意安全。”团款结算确认单明确南京某旅行社委托上海某国际旅行社接待由上海出境的旅游团队。

①《体验游览项目 游客受伤致残》，载于《人民法院报》，2011年10月22日。

9月8日,谭女士等人在上海某国际旅行社组织下赴巴厘岛旅游。9月11日,谭女士在上海某国际旅行社领队带领下至南湾水上活动项目区域,并自费参加了“飞鱼”项目。该项目由两名游客同时参加,配有一名项目教练。谭女士在游玩时,该项目教练先行落水,谭女士及另外一名游客亦先后落水受伤。随后谭女士被送往印尼当地医院接受治疗,当地旅行社支付了她在印尼医院的医疗费用。

9月16日,谭女士回国后在南京某医科大学附属医院就诊,入院诊断为:左肱骨外科颈骨折内固定术后、右肱骨髁上骨折内固定术后等。2011年1月8日,谭女士出院,她在南京某医科大学附属医院花费医疗费7540.02元。

由于双方无法就赔偿事项达成一致,谭女士遂将上述两家旅行社告上法院。

案件审理中,原告申请伤残等级鉴定,法院依法委托某司法鉴定所对原告的伤情进行司法鉴定,结论为:“谭女士的损伤构成九级伤残;谭女士伤后误工期限以4个月为宜;其伤后3个月需他人护理并适当补充营养。”据此,原告追加诉讼标的,要求两被告赔偿残疾赔偿金、误工费、护理费、后续治疗费等共计15.97万元。

法院审理后认为,上海某国际旅行社作为实际提供服务的旅游经营者,应当承担保障游客人身、财务安全,并防止危害发生的合同义务。作为专业的旅游经营者,上海某国际旅行社应当明知水上项目具有一定的危险性,应当向游客做出真实的说明和明确的警示,并积极采取防止危害结果发生的措施。但被告仅在“自费项目推荐表”上以同号字体书面告知“水上项目请注意安全”,此种警示方式尚不足以使游客对该项目的危险性有足够认识,未尽到足够的提示、说明义务,其对谭女士遭受的伤害应承担全部责任。

第四单元　其实我不想伤害你

——没有过错也要承担责任吗？

【精讲精析】

在过错责任原则下，行为人需要为自己的错误行为买单，应该说是合情合理的。但是如果一个人在主观上没有过错，他并不想伤害别人，可是由于他的行为造成了别人的损害，是否需要承担责任呢？我国《民法通则》第106条第3款规定，行为人没过错，但法律规定应当承担民事责任的，应当承担民事责任。这里的重点在于"法律规定"，即如果法律没有规定，那么就不需要承担责任，而如果法律规定了，就需要承担责任。因此，和过错责任原则不同，无过错责任原则只有三个要件，即损害事实、违法行为和因果关系，没有主观过错。这是因为行为人本身就没有过错，或者根本不需要考虑其是否具有过错。

因此，在无过错责任原则的适用上不考虑行为人的主观心理状态，受害人不需要证明行为人有过错就可以要求赔偿，行为人也不能通过证明他没有过错就不承担责任。所以，对于无过错责任原则的适用，法律做出了明确的规定，只有法律明确规定的某几种情形才能适用无过错责任原则，没有规定的绝对不能适用。

一、产品侵权责任

产品侵权责任是一种特殊的侵权责任，适用无过错责任原则，即使生产商能够证明自己没有过错，也要承担责任，除非存在法定的免责事由。在产品侵权中，首先需要确定责任的承担主体，处于第一位的责任主体就是生产者和销售者，在某些情况下，运输者或者仓储者也可能承担责任。其次需要确定产品具有缺陷，根据《产品质量法》第46条的规定，该法所称缺陷，是指产品存在危及人身、他人财产安全的不合理危险；产品有保障人体健康和人身、财产安全的国家标准、行业标准的,是指不符合该标准。关于产品,《产品质量法》第2条第2款做了规定,该法所称的产品是指经过加工、制作,用于销售的产品。也就是说,缺陷产品包含了三种情形:一是设计缺陷,二是制造缺陷,三是使用说明或者警示缺陷。

因此,由于产品的缺陷造成了人身或者财产的损失,就会产生相应的侵权责任。根据《产品质量法》第42条的规定,由于销售者的过错使产品存在缺陷,造成人身、他人财产损害的,销售者应当承担赔偿责任。销售者的责任以过错为要件,在司法实务中,法院并不要求受害人就销售者的过错承担举证责任,而是由销售者证明自己不存在过错,因此就过错的证明责任适用举证责任倒置。当销售者证明自己没有过错时,并不代表受害人的权益得不到保护,受害人可以追究产品生产者的责任。根据《产品质量法》第42条第2款的规定,销售者不能指明缺陷产品的生产者,也不能指明缺陷产品的供货者的,由销售者承担赔偿责任。当受害人追究产品生产者的责任时,销售者具有指明缺陷产品的生产者的法定义务,如果销售者不能指明该缺陷产品的生产者,则由其承担责任。

虽然产品的制造者和销售者承担无过错责任,但是这并不意味着他们没有免责的情形。因为任何事情都无法绝对论断,所以即便是制造者和销售者承担了较重的责任,但只要是存在以下三种情形之一的,就可以免责。

1.未将产品投入流通。这点很好理解,没有将产品投入流通,就意味着产品无法给不特定的人造成损害,所以也就不存在侵权的可能,如果有人因此产品而遭受损害,则应视情况而定,但肯定不会构成侵权责任。

2.产品投入流通时引起损害的缺陷尚不存在。具体而言,缺陷是该产品在使用过程中逐渐出现的,比如啤酒生产者生产的啤酒酒瓶符合国家质量标准,但是在饮用的过程中由于剧烈碰撞导致爆瓶,造成饮用者受伤害,这就属于免责的情形。

3.将产品投入流通时的科学技术水平不能发现缺陷存在。这属于客观情况,是由于科技所限造成的。除此之外,如果是由于消费者的不当使用造成自身损害,那么也属于免责的情形,但是在这种情况下,产品的制造者或者销售者需要证明消费者属于不正确使用产品且该产品本身没有任何缺陷的情形。而"不正确使用"包括消费者违反产品的特定用途、特定目的及操作方法,不按产品的说明进行产品的使用、保管,擅自改装产品等。

二、高度危险作业和危险物致人损害

高度危险作业和危险物致人损害,是指从事高空、高压、易燃、易爆、剧毒、放射性、高速运输工具等对周围环境有高度危险的作业或者危险物造成他人损害,所应当承担的民事责任。高度危险作业或危险物致人损害实质上规定了两种侵权行为:一是高度危险作业致人损害,二是危险物致人损害。对于这类侵权的责任承担,由其所有人、占有人或者管理人承担侵权责任。非法占有的危险物品给他人造成损害的,由非法占有人承担侵权责任。原所有人、占有人或者管理人对危险物品被占有有过错的,由其与非法占有者承担连带责任。遗失或者抛弃的危险物品在未被他人占有前,因其自身的危险性致人损害的,由原所有人承担侵权责任。运输中的危险物品致他人损害的,运送人如果不能证明自己对损害的发生无过错的,应当与托运人承担连带责任。仓储中的危险物品致他人损害的,仓储人应当与所有人承担连带责任。不同主体所有的高度危险物储藏在一起,因其高度危险性造成他人损害,不能证明损害不是因为自己的危险造成的,各所有人与仓储人承担连带责任。但是如果损害是由于受害人故意所引起的,则所有人或者占有人、管理人不承担责任。

在一般情况下,不可抗力不能作为免责的事由。《民法通则》规定,只有受害人故意才能作为高度危险作业或者危险物致人损害的赔偿义务人的免责事由,不可抗力不能免责。相关的一些规定也肯定了这一原则,比如《城市燃气安全管理规定》《民用爆炸物品安全管理条例》《放射事故管理规定》《易燃易爆化学物品消防安全监督管理办法》《爆炸危险场所安全规定》《化学危险物品安全管理条例》等。但是也有例外,在某些特殊情况下,不可抗力也可以免责,比如《中华人民共和国电力法》第60条第2款规定:“电力运行事故由下列原因之一造成的,电力企业不承担赔偿责任:(一)不可抗力;(二)用户自身的过错。”最高人民法院《关于审理触电人身损害赔偿案件若干问题的解释》第3条规定,若损害由下列原因造成,电力设施产权人免责:一是不可抗力;二是受害人以触电方式自杀、自伤;三是受害人盗窃电能,盗窃、破坏电力设施或者因其他犯罪行为而引起触电事故;四是受害人在电力设施保护区从事法律、行政法规所禁止的行为。

三、环境污染致害责任

环境污染致害责任是指行为人的排污行为造成了环境污染,致使受害人

受到人身或者财产损害,应当承担的侵权责任。环境污染致人损害是一种特殊的侵权责任,适用无过错责任原则。它由以下要件构成:

(一)存在污染环境的行为

污染环境的行为通常包括矿工企业等单位所产生的废水、废气、废渣、粉尘、垃圾、放射性物质等有害物质和噪声、震动、恶臭排放或者传播到大气、水体、土地等环境之中,使人类的生存环境受到一定程度的危害的行为。这种排放行为并不以违法为必然要件,即使排放行为是合法的,但是造成了损害,仍然有可能会承担责任。这就是说,污染物的排放是否超过法定的标准并不是认定环境侵权的构成要件,只要有污染物的排放,就属于存在环境污染的行为,而不论所排放的污染物是否符合法定的标准。

(二)要有客观的损害事实

环境污染的损害事实就是污染危害环境的行为致使国家、集体的财产或者自然人的人身、财产受到损害,没有这种损害事实,就不构成侵权。

(三)要有因果关系

在污染行为与损害结果之间存在引起与被引起的关系,但是对这种关系的存在与否,受害人并不负证明的责任,而是由污染的实施者证明。如果污染的实施者不能提出免责的证据,就要承担相应的侵权责任。而免责的事由主要是指不可抗力、第三人过错以及受害人自己的故意或者重大过失。

但是不可抗力并非在任何条件下都是免责的事由,也有例外。《固体废物污染环境防治法》和《环境噪声污染防治法》就没有规定不可抗力可以免责。确定不可抗力免责需要具备两个条件:第一,损害必须完全由不可抗力导致,致害人才可以免责,倘若其他人为的因素是造成环境侵权的共同原因,就不能免除致害人的责任;第二,行为人必须及时采取合理的措施才能免责,否则仍要对损害以及扩大的损害进行赔偿。

而对于第三人过错而言,如果损害完全是由于第三人造成的,那么完全由第三人承担责任;而如果是出于第三人和被告的共同原因所造成的,就由第三人和被告共同承担责任。

对于因为环境侵权所引起的诉讼,时效为3年,从当事人知道或者应当知道损害事因由是污染行为引起时起计算。之所以规定3年,是因为环境污染致人损害往往比较复杂,损害结果的出现往往需要一个积累、潜伏的过程。

四、动物致害责任

动物致害同样适用无过错责任原则。饲养动物造成他人损害的，动物的饲养人或者管理人应当承担民事责任；由于受害人自己的过错造成损害的，动物的饲养人不承担责任；由于第三人的过错造成损害的，由第三人承担责任。如果是受国家保护的野生动物致人损害的，应当由国家承担赔偿责任。如果是抛弃、遗弃或者是遗失的动物对他人造成了损害，仍然由原所有人承担责任，但是如果被遗弃或者被抛弃的动物被他人领养的，就应该由占有人承担责任。

【典型案例】

倪某诉某煤气公司损害赔偿案①

原告倪某诉称：原告在煤气爆炸事故中受伤并致残，被告煤气公司负该起事故的直接责任、被告某房产开发公司负该起事故的间接责任，故要求两被告赔偿医疗费95422.84元、鉴定费1500元、残疾赔偿金36618.40元、精神损害抚慰金50000元、营养费900元、伙食补助费1278元、陪护人员伙食补助费1278元、陪护人员住宿费2840元、护理费（计算至定残前）19740元、交通费5884.50元、其他直接损失38248.90元、后续治疗中的手术费用15000元、康复治疗费用5000元、定残后的护理费95877.50元、后续手术治疗住院期间的必要费用4860元，合计374448.14元，并要求由该两被告承担连带赔偿责任。

被告煤气公司辩称：（一）原告的诉讼请求过高，超过了当地受诉法院赔偿的标准，也超过了有关法律法规的规定。对于医药费，煤气公司已向原告夫妇支付过23万元，可以从中扣除。陪护人员的伙补费在法律上没有此规定。陪护人员的住宿费计算一次就可，不可重复计算。护理费用过高，交通费过高，也有重复计算的情况，其他直接损失3万元过高，后续治疗费过高，康复治疗费用5000元过高，定残后的护理费过高。（二）关于侵权问题，实际上是过错问题，原告儿子在买某村房子时应当看到房子结构，车库没有设计水道，开发商依据

---

①国家法官学院、中国人民大学法学院：《中国审判案例要览（2008年民事审判案例卷）》，中国人民大学出版社、人民法院出版社2009年版，第324-331页。入选本书时根据本书内容做了相应改动。

买房者要求改变房子的结构,也是造成此次事故的间接原因。正因为改变房子结构,所以一直无法查明煤气外漏的原因,其也有过错。从开发商的角度来看,没有征得设计部门的同意,擅自变更房子的结构,致使事故的发生,故本起事故系两被告混合过错造成。

被告某房产开发公司辩称:天然气输配管道的施工属于易燃高度危险作业,煤气公司系实施高度危险作业人,原告是因煤气公司实施的高度危险作业而受到伤害,在不具备法定免责事由的情况下,应由煤气公司承担全部民事责任,故房产开发公司不应作为本案的被告承担赔偿责任。本起爆炸事故的发生完全是因煤气公司的严重不负责任造成的,表现在该段管道未安装就绪(管道接口螺丝未拧)即投入使用,开通液化气后居民及物业公司多次向煤气公司报修,但煤气公司接报后不但不检修,反而在报修记录上伪造居民签字(证明其已修理)。房产开发公司在车库增设给排水设施并无过错,即使存在所谓的间接原因,如果煤气公司按规范施工,即使业主在车库内使用明火,爆炸事故也绝对不会发生;但即使不存在排水管,由于煤气公司的违法施工,爆炸事故的发生仍是必然的。故该公司对爆炸事故的发生没有过错,不应当承担民事责任。但公安局火灾事故责任书认定煤气公司是事故的直接原因,房产开发公司是间接原因,恳请法庭对该证据予以正确的认定。退一步讲,如果此责任书成立的话,房产开发公司仅仅是事故的间接原因,这一间接原因不等于次要原因,对事故的发生没有必然性,房产开发公司根据业主的要求对业主的车库安装上下水管,是方便业主更好地使用车库的便民措施。房产开发公司对事故的发生不能预见、预防,主观上也没有过错。本起事故的发生完全是因为煤气公司没有按照规范进行施工,竣工后没有按照规定进行日常安全检查,尤其是在报修后煤气公司没有采取相应的措施,导致事故的发生,因此煤气公司应承担全部赔偿责任。对原告的诉讼请求,恳请法庭进行审核,在法律规定范围内予以支持。

法院审理认为:2005年12月31日10时45分许,本市汇龙镇某车库发生爆炸,引起火灾,燃烧时间约30分钟,造成原告夫妇(倪某及其妻子陆某)受伤。原告倪某因头面颈、双手烧伤Ⅱ度、吸入性损伤被及时送往南通某大学附属医院烧伤科救治,该院于2006年1月4日为原告倪某施行手术,原告在该院共住院治疗71天,出院后,原告遵医嘱定期前往该院门诊复检。2006年7月3日,原告倪某及被告煤气公司协商一致,由某社会调解服务中心(以下简称调解中心)委托南通市某医院司法鉴定所(以下简称某鉴定所)对原告倪某的伤残等级进行法医学鉴定,双方还同意由该中心凭鉴定结果进行经济方面的赔偿调处。7月6日，某鉴定所对原告的伤情进行鉴定后认为：原告倪某面部、双手均见疤痕，右大腿有取皮疤痕，双手十指功能丧失超过20%，其头面颈部及双手烧伤诊断明确，评定为9级伤残。2006年11月28日，本院委托某鉴定所对倪某损伤后情况进行法医学鉴定，该所提出鉴定意见如下：(一)参照《人身损害受伤人员误工损失日评定准则》的有关规定，结合损伤实际情况，倪某的护理期限为末次手术出院后6个月左右为宜，住院期间的护理人数为1人；(二)因倪某头面颈部及双手疤痕愈合，其后续治疗中的手术费用为1.5万元左右，康复治疗费用为0.5万元左右。事故发生后，被告煤气公司通过调解中心支付原告及其妻子陆某医疗费用23万元(已全部列入原告之妻陆某的赔偿款中)。事故发生后，调解中心为原告倪某及被告煤气公司进行多次调解，因赔偿数额存在差异未成。

另查明，在该起事故中，除原告夫妇受伤外，还有其他共计43户住宅、营业用房的门窗、车库卷闸门及室内部分物品受损。该起事故的原因是天然气管道脱接，导致大量天然气泄漏，并通过地下管沟渗透至某号楼底层车库，达到爆炸极限的天然气遇某车库内液化气灶上的明火发生了爆炸。2006年3月15日，某大队对该起事故做出责任认定，认为煤气公司违反了《中华人民共和国安全生产法》，建设部第62号令《城市燃气管理办法》，建设部、劳动部、公安部第10号令《城市燃气安全管理规定》和《江苏省燃气管理条例》等有关法规的规定，未能落实安全生产责任制，加强安全管理和职工的安全培训教育，导致职工未按规范进行天然气管道施工，未按规定及时有效采取措施消除隐患，应对这起事故负直接责任。某房产开发公司违反了《中华人民共和国建筑法》、国务院《建设工程质量管理条例》等法律法规的规定，未按审查合格的图纸施工，擅自在车库内增设给排水设施，应对这起爆炸事故负间接责任。4月10日，某市价格认证中心根据其安全生产监督管理局的委托，对在爆炸中受损住宅及营业用房在事故中的直接财产损失进行了评估，合计损失价值达768476.58元，已由煤气公司进行了赔偿。

【以案说法】

特殊侵权必有特殊责任承担

从事高空、高压、易燃、易爆、剧毒、放射性、高速运输工具等，对周围环境有高度危险的作业造成他人损害的，应当承担民事责任。天然气的供输是社会生活不断进步的重要标志,它给人民生活带来了很大的方便,但也具有高度危险性,直接影响到千家万户居民的生命和财产安全。因此,天然气的供输属高度危险作业,理应严格按照章程操作,加强安全管理。

被告某煤气公司在进行天然气管道施工过程中未按规范进行施工,在管道开通后多次接到气体泄漏报警而未采取任何措施以消除隐患,导致天然气爆燃事故的发生,造成巨大的财物损失及人员伤残,后果十分严重。该起事故是某煤气公司在施工过程中严重违章操作、供输运作管理过程中玩忽职守造成的,其对因爆炸引起的所有损失应当承担赔偿责任。某房产开发公司在车库增设给排水设施的行为与天然气泄漏事故没有必然的联系,如果某煤气公司在液化气管道施工过程中严格按章行事、在供输运作过程中紧抓安全管理,把人民的生命财产放在首位,本起事故是完全可以避免发生的,故原告要求某房产开发公司承担本案的民事责任,缺乏事实和法律依据。原告的户口虽在2006年才迁为非农业户口,但其自1996年始即投靠儿子儿媳一家居住在本市汇龙镇,长期生活在城镇,故对其残疾赔偿金等相关赔偿项目均应按照城镇居民标准计算。原告受伤时年龄为67周岁,故其残疾赔偿金按13年计算。

原告倪某在爆燃事故中劫后余生,但由此造成的恐惧心理是难以在短时间内消除的,且其双手十指功能丧失超过20%,面、颈部仍留有疤痕,改变了原有的形象,挫伤了晚年生活的自信心,原告因此受到了巨大的肉体创痛及精神创伤,故原告主张的精神抚慰金应予支持。原告受伤后确有因治疗、复诊及处理事故等交通费用的损失,故对其交通费的主张予以支持。根据法医学鉴定及某大学附院专家的意见,原告确需进行后续治疗,并需专人护理,其主张出院后护理费是合理的,但鉴于原告伤情的特殊性,目前尚无法确定原告的末次手术时间,故应按出院后6个月时间计算其护理人员1人的护理费,以后若再发生相关费用,可由原告另行主张权利。

被告某煤气公司对原告在事故中的损失并无异议,法院应当予以支持;原告之子倪某某因原告突然受伤而临时改变了原定去香港洽谈生意的行程,导致了机票退票的损失及签证费的损失,由于机票及签证具有针对特定对象的特征,不可随意替代,而倪某某作为原告之子在事故发生后已不可能如期赴港,故该两项损失也应列入赔偿范围。至于原告主张的倪某某在香港酒店房费、摊位及装修费等,因洽谈生意可另行指派其他人员代替,不属于不可避免的损失,故对原告的该项主张,法院应当不予支持。

从该案中可以看出,对于易燃、易爆等危险物品的归责原则呈现出明显不同于过错责任原则的特点。在过错责任原则下，首先需要看侵权人是否具有过错，其次才看是否与损害结果之间存在因果关系。而对于无过错责任而言，首要的是看是否发生了损害结果，但是这种损害结果的范围明显比过错责任小，甚至是由法律明确限定的范围，不能由当事人任意选择。这是因为在无过错责任下，责任人的责任显然比较重，而受害人的举证责任非常小，因为如果加害人无法证明自己没有法律规定的特定的免责事由，就需要承担责任，所以很明显，侵权人需要承担更多的责任。这就是为什么需要将无过错责任的适用范围限定在特定范围内的原因。

【法条链接】

中华人民共和国民法通则

第一〇六条　公民、法人违反合同或者不履行其他义务的，应当承担民事责任。

公民、法人由于过错侵害国家的、集体的财产，侵害他人财产、人身的，应当承担民事责任。

没有过错，但法律规定应当承担民事责任的，应当承担民事责任。

第一二二条　因产品质量不合格造成他人财产、人身损害的，产品制造者、销售者应当依法承担民事责任。运输者、仓储者对此负有责任的，产品制造者、销售者有权要求赔偿损失。

第一二三条　从事高空、高压、易燃、易爆、剧毒、放射性、高速运输工具等对周围环境有高度危险的作业造成他人损害的，应当承担民事责任；如果能够证明损害是由受害人故意造成的，不承担民事责任。

第一二四条　违反国家保护环境防止污染的规定，污染环境造成他人损害的，应当依法承担民事责任。

第一二七条　饲养的动物造成他人损害的，动物饲养人或者管理人应当承担民事责任；由于受害人的过错造成损害的，动物饲养人或者管理人不承担民事责任；由于第三人的过错造成损害的，第三人应当承担民事责任。

最高人民法院《关于贯彻执行〈中华人民共和国民法通则〉若干问题的意见(试行)》

153.消费者、用户因为使用质量不合格的产品造成本人或者第三人人身伤害、财产损失的,受害人可以向产品制造者或者销售者要求赔偿。因此提起的诉讼,由被告所在地或侵权行为地人民法院管辖。输者和仓储者对产品质量负有责任,制造者或者销售者请求赔偿损失的,可以另案处理,也可以将运输者和仓储者列为第三人,一并处理。

154.从事高度危险作业,没有按有关规定采取必要的安全防护措施,严重威胁他人人身、财产安全的,人民法院应当根据他人的要求,责令作业人消除危险。

中华人民共和国产品质量法

第四十一条 因产品存在缺陷造成人身、缺陷产品以外的其他财产(以下简称他人财产)损害的,生产者应当承担赔偿责任。

生产者能够证明有下列情形之一的,不承担赔偿责任:

(一)未将产品投入流通的;

(二)产品投入流通时,引起损害的缺陷尚不存在的;

(三)将产品投入流通时的科学技术水平尚不能发现缺陷的存在的。

第四十二条 由于销售者的过错使产品存在缺陷,造成人身、他人财产损害的,销售者应当承担赔偿责任。

销售者不能指明缺陷产品的生产者也不能指明缺陷产品的供货者的,销售者应当承担赔偿责任。

第四十三条 因产品存在缺陷造成人身、他人财产损害的,受害人可以向产品的生产者要求赔偿,也可以向产品的销售者要求赔偿。属于产品的生产者的责任,产品的销售者赔偿的,产品的销售者有权向产品的生产者追偿。属于产品的销售者的责任,产品的生产者赔偿的,产品的生产者有权向产品的销售者追偿。

中华人民共和国民用航空法

第一二四条 因发生在民用航空器上或者在旅客上、下民用航空器过程中的事件,造成旅客人身伤亡的,承运人应当承担责任;但是,旅客的人身伤亡完全是由于旅客本人的健康状况造成的,承运人不承担责任。

中华人民共和国电力法

第六十条　因电力运行事故给用户或者第三人造成损害的，电力企业应当依法承担赔偿责任。

电力运行事故由下列原因之一造成的，电力企业不承担赔偿责任：

（一）不可抗力；

（二）用户自身的过错。

因用户或者第三人的过错给电力企业或者其他用户造成损害的，该用户或者第三人应当依法承担赔偿责任。

中华人民共和国侵权责任法

第七条　行为人损害他人民事权益，不论行为人有无过错，法律规定应当承担侵权责任的，依照其规定。

第七十条　民用核设施发生核事故造成他人损害的，民用核设施的经营者应当承担侵权责任，但能够证明损害是因战争等情形或者受害人故意造成的，不承担责任。

第七十一条　民用航空器造成他人损害的，民用航空器的经营者应当承担侵权责任，但能够证明损害是因受害人故意造成的，不承担责任。

第七十二条　占有或者使用易燃、易爆、剧毒、放射性等高度危险物造成他人损害的，占有人或者使用人应当承担侵权责任，但能够证明损害是因受害人故意或者不可抗力造成的，不承担责任。被侵权人对损害的发生有重大过失的，可以减轻占有人或者使用人的责任。

第七十三条　从事高空、高压、地下挖掘活动或者使用高速轨道运输工具造成他人损害的，经营者应当承担侵权责任，但能够证明损害是因受害人故意或者不可抗力造成的，不承担责任。被侵权人对损害的发生有过失的，可以减轻经营者的责任。

第七十四条　遗失、抛弃高度危险物造成他人损害的，由所有人承担侵权责任。所有人将高度危险物交由他人管理的，由管理人承担侵权责任；所有人有过错的，与管理人承担连带责任。

第七十五条　非法占有高度危险物造成他人损害的，由非法占有人承担侵权责任。所有人、管理人不能证明对防止他人非法占有尽到高度注意义务的，与非法占有人承担连带责任。

第七十八条　饲养的动物造成他人损害的，动物饲养人或者管理人应当承担侵权责任,但能够证明损害是因被侵权人故意或者重大过失造成的,可以不承担或者减轻责任。

第七十九条 违反管理规定,未对动物采取安全措施造成他人损害的,动物饲养人或者管理人应当承担侵权责任。

第八十条 禁止饲养的烈性犬等危险动物造成他人损害的,动物饲养人或者管理人应当承担侵权责任。

第八十一条 动物园的动物造成他人损害的,动物园应当承担侵权责任,但能够证明尽到管理职责的,不承担责任。

第八十二条 遗弃、逃逸的动物在遗弃、逃逸期间造成他人损害的,由原动物饲养人或者管理人承担侵权责任。

第八十五条 建筑物、构筑物或者其他设施及其搁置物、悬挂物发生脱落、坠落造成他人损害,所有人、管理人或者使用人不能证明自己没有过错的,应当承担侵权责任。所有人、管理人或者使用人赔偿后,有其他责任人的,有权向其他责任人追偿。

第八十六条 建筑物、构筑物或者其他设施倒塌造成他人损害的,由建设单位与施工单位承担连带责任。建设单位、施工单位赔偿后,有其他责任人的,有权向其他责任人追偿。

因其他责任人的原因,建筑物、构筑物或者其他设施倒塌造成他人损害的,由其他责任人承担侵权责任。

第八十七条 从建筑物中抛掷物品或者从建筑物上坠落的物品造成他人损害,难以确定具体侵权人的,除能够证明自己不是侵权人的外,由可能加害的建筑物使用人给予补偿。

第八十八条 堆放物倒塌造成他人损害,堆放人不能证明自己没有过错的,应当承担侵权责任。

第八十九条 在公共道路上堆放、倾倒、遗撒妨碍通行的物品造成他人损害的,有关单位或者个人应当承担侵权责任。

第九十条 因林木折断造成他人损害,林木的所有人或者管理人不能证明自己没有过错的,应当承担侵权责任。

第九十一条 在公共场所或者道路上挖坑、修缮安装地下设施等,没有设置明显标志和采取安全措施造成他人损害的,施工人应当承担侵权责任。

窨井等地下设施造成他人损害,管理人不能证明尽到管理职责的,应当承担侵权责任。

【扩展阅读】

车胎爆裂引发"意外事故"　保险公司能否"无责理赔"①

交通事故发生后，如果投保肇事车驾驶人无责任，保险公司依规定只应向受害第三人承担10%的理赔责任，此为无责理赔规则。一起车胎爆裂引发的事故，被交警部门认定为意外事故，保险公司能否享受无责理赔待遇呢？

2010年10月24日12时55分左右，王某驾驶小型普通客车沿221省道某地段由西向东行驶时，不料车子右前胎突然爆破，王某一时惊慌失措，车子像脱缰的野马一般，冲向前面骑自行车的曹某，事发时曹某所行路线稍显偏中。曹某来不及做出任何反应，人随车倒，立即不能动弹。在群众协助下，曹某被送往附近医院治疗。2010年11月15日，交警部门做出交通事故认定书，经现场勘查、调查取证，认定此事故为意外事故。2011年6月18日，司法鉴定所根据曹某骨折和脾的伤残程度做出鉴定意见：伤残程度为十级和八级。其间，保险部门确认曹某的车辆损失为150元。

驾驶员王某为其所驾驶的肇事客车在上海某保险公司投保了交强险，保险期限自2010年4月3日至2011年4月2日。因与保险公司协议不成，曹某向法院提起诉讼。

法院审理后认为，公民的生命健康权和财产权受法律保护。原告因交通事故受伤，其有依照法律规定获得医疗费、住院伙食补助费、营养费、护理费、残疾赔偿金、精神损害抚慰金、交通费、财产损失费等损失赔偿的权利。

本案中，虽然交警部门认定涉案事故属于交通意外事故，但是交通意外事故并不等同于民法上的意外事件，交通事故责任并不等同于民事赔偿责任。民事侵权赔偿责任的分配不应当单纯以交通事故责任认定书认定的交通事故责任划分来确定，而应当从损害行为、损害后果、行为与后果之间的因果关系及主观方面的过错程度等方面综合考虑。驾驶员王某驾驶机动车上道路行驶前，未对机动车的安全技术性能进行认真检查；涉案车辆发生爆胎后，王某未能采取有效合理的措施，导致车辆与曹某所骑的自行车发生碰撞，致使曹某受伤。驾驶员王某的不当行为与损害事实的发生存在因果关系，其主观上亦存

---

①钱军、曹凤刚：《车胎爆裂引发"意外事故"，保险公司能否"无责理赔"？》，载《检察日报》，2011年9月24日。

在一定过失,应当承担本起交通事故的主要责任,而原告曹某驾驶非机动车所行路线稍显偏中,应承担次要责任。

因驾驶员王某所驾车辆在被告保险公司投了交强险,事故发生在承保期间,加之驾驶员王某对事故存在过错,按照交强险赔偿规则,保险公司应在交强险最高限额范围内承担全部赔偿责任,而不是按照无责承担10%的责任。经逐项核算,原告曹某在交强险最高限额内的损失应核定为59763.76元。遂依照《中华人民共和国侵权责任法》、《中华人民共和国道路交通安全法》、最高人民法院《关于审理人身损害赔偿案件适用法律若干问题的解释》、最高人民法院《关于确定民事侵权精神损害赔偿责任若干问题的解释》的相关规定,做出判决:责令被告上海某保险公司在交强险最高责任限额内承担全责,判决其赔偿原告曹某医疗费、护理费、残疾赔偿金、精神损害抚慰金、交通费和财产损失共59763.76元。

第五单元　以和为贵

——责任也可以公平分担

【精讲精析】

对于责任的承担而言，过错责任、过错推定责任和无过错责任基本上已经包含了绝大多数责任承担类型，但是社会非常复杂，损害产生的原因也五花八门，总有一些侵权是这些责任所无法包含的。比如，有人去饭店吃饭，突然发生爆炸，造成伤害，后来查明是由于一个犯罪分子为了杀害别人而使其他人也受到牵连。对于这次伤害，本来应该由具有过错的犯罪分子承担赔偿责任，但是这个犯罪分子却没有钱赔偿，这时，饭店是否应该给予受害者适当的赔偿呢？这就需要运用公平责任来判断是非了。

一、公平责任的构成要件

公平责任是指双方对损害的发生都没有过错，也就是说双方都不希望损害发生。在这种情况下，行为人或者受益人承担适当的责任，对受到损害的一方给予适当的赔偿。我国《民法通则》第132条规定，当事人对造成损害都没有过错的，可以根据实际情况，由当事人分担责任。《侵权责任法》第24条规定，受害人和行为人对损害的发生都没有过错的，可以根据实际情况，由双方分担损失。这一规定是对公平责任的立法表述。具体而言，它的适用必须具备以下四个要件：

（一）必须是实际发生了损害

公平分担的前提是存在损害，而且必须是现实的损害，不是可能的损害。一般而言，由于公平分担的损失主要是财产损失，公平责任主要适用于侵害人身、财产而造成的财产损失的案件，对于精神损害则一般无法适用。公平责任的目的是在当事人之间进行平衡，对不幸遭受损失的当事人进行合理适当的补偿。因此,这一原则的适用应当以侵害他人人身、财产所造成财产损失为限,比如人身伤害所支付的花费(医疗费、误工损失、补助费、丧葬费等)。

(二)受害人和行为人对损害的发生都没有过错

所谓“没有过错”,是指加害人和受害人都没有过错,比如李某借用亲戚的汽车去医院给孩子看病,临时将车停在父亲家中,当夜11点左右,恰逢特大森林火灾致该汽车烧毁。事后李某与亲戚协商未果,起诉到法院。在本案中,双方都没有过错。

(三)根据实际情况确定损失的分担

这里的“实际情况”包括当事人实际的收入、必要的经济支出与应对家庭和社会承担的经济负担等,还应当考虑到受害人的情况,比如受害人因财产、人身遭受侵害所实际遭受的损失。受害人遭受的损失越大,公平责任就越重。所以,法官要考虑的实际情况主要是双方分担的能力问题。

二、公平责任的适用情形

公平责任的认定具有较大的伸缩性,这就需要法律对公平责任进行非常合理的规定,从我国法律的规定看,公平责任在以下三种情况下可以适用。

(一)紧急避险造成的他人损害

我国《民法通则》第129条规定,因紧急避险造成损害的,由引起险情发生的人承担民事责任。如果危险是由自然原因引起的,紧急避险人不承担民事责任或者承担适当的民事责任。因紧急避险采取措施不当或者超过必要的限度,造成不应有的损害的,紧急避险人应当承担适当的民事责任。根据这一规定,当危险由自然原因引起,紧急避险人采取的措施并无不当,但仍然造成了他人损害的,可以要求避险人承担公平责任。

(二)见义勇为导致自身损害

见义勇为是指为了维护国家、集体或者他人的合法权益,防止、制止侵害他人财产、人身遭受损害的行为。《民法通则》第109条、最高人民法院《关于贯彻执行〈中华人民共和国民法通则〉若干问题的意见(试行)》第142条都对见义勇为行为做了规定。概括而言,见义勇为的人保护了国家、集体或者第三人的合法权益而使自己受到损害,在侵害人无力赔偿或者没有侵害人的情况下,如果受害人提出请求的,人民法院可以根据受益人受益的多少及其经济情况,责令受益人给予适当补偿。最高人民法院《关于审理人身损害赔偿案件适用法律若干问题的解释》(以下简称《人身损害赔偿司法解释》)第15条更进一步对此做了规定：为维护国家、集体或者他人合法权益而使自己受到人身损害，因没有侵权人、不能确定侵权人或者侵权人没有赔偿能力，赔偿权利人请求受益人在受益范围内予以适当补偿的，人民法院应予以支持。

见义勇为的受益人承担公平责任的情形可以分为以下三种：第一，没有侵权人的情形。比如抢救落水者而遭受损害。在没有侵权人的情形下，如果受害人要求补偿的，可以责令受益人适当补偿。第二，不能确定侵权人的情形。有些损害的发生，由于种种原因无法确定侵权人，比如为制止犯罪行为而遭受损害，但是案件没有被侦破的。这种情形下，见义勇为的人无法从侵权人处获得赔偿，应当由受益人在受益的范围内予以适当补偿。第三，能够确定直接侵权人，但是该侵权人却没有赔偿的能力。在这种情况下，让受益人根据公平责任的原则对受害人进行适当的补偿也是符合法律规定的。

(三)义务帮工造成自身损害

义务帮工是指为了满足被帮工人生产或者生活等方面的需要，没有义务的帮工人不以追求报酬为目的，为被帮工人无偿提供劳务的行为。最高人民法院《关于贯彻执行〈中华人民共和国民法通则〉若干问题的意见(试行)》第157条规定，当事人对造成损害均无过错，但一方是在为对方的利益或者共同利益进行活动的过程中受到损害的，可以责令对方或者受益人给予一定的经济补偿。《人身损害赔偿司法解释》第14条对此做了进一步的规定，帮工人因帮工活动遭受人身损害的，被帮工人应当承担赔偿责任。被帮工人明确拒绝帮工的，不承担责任；但可以在受益范围内予以适当补偿。帮工人因第三人侵权遭受人身损害的，由第三人承担赔偿责任，第三人不能确定或者没有赔偿能力的，可以由被帮工人予以适当补偿。

但是这种公平责任的产生是基于"可以"，而不是"应当"，至于补偿的数额则视具体情况而定。这种具体情况可以从两个方面理解：一方面，导致损害的程度重大。损害的发生是适用公平责任的前提，而损害的程度重大使公平责任的适用成为可能。如果损失轻微，则不会产生公平责任的问题。另一方面，当事人的负担能力也是适用公平责任的前提。当事人的负担能力包括当事人的经济收入和必要的经济支出等，如果当事人相对加害人或者受益人能力弱，那么可以责令加害人或者受益人多负担，反之，就少负担。这就是说，如果双方的负担能力大致相当，就由双方平均分担损失。

因此可以发现，对于公平责任的适用，法律必须做出明确的规定，因为并不是所有的侵权行为都会在双方之间达成商量性的处理结果，往往相反，很多的侵权案件并不能协商解决。

三、受益人补偿受害人的条件

很明显,受益人应当给予受害人适当的补偿,但是依据什么原则来进行补偿呢?补偿多少呢?这都需要考虑。一般而言,受益人补偿受害人必须在一定的条件下才能发生,具体包括以下几个条件:

(一)必须是实施了防止、制止他人民事权益被侵害的行为

根据《侵权责任法》第23条的规定,受益人的补偿义务产生的前提,是被侵权人实施了防止、制止他人民事侵权的行为,这种行为大多是“见义勇为”的行为。这就是说,被侵权人本来是没有义务去实施这种行为的,但是为了避免他人的民事权益遭受侵害,就实施了这种防止和制止的行为。这里说的他人不仅指自然人,还包括法人,不仅指个人,还包括集体和国家。而这里所说的被侵害,不仅仅是指行为人实际遭受的损害,还包括侵权人可能给他人造成的损害。比如,某人挖地洞,有可能给邻居的墙壁造成损害。这时,虽然邻居的墙壁并没有倒塌,但是这种现实的危险已经存在,就认为是造成了损害。

(二)必须是从事防止、制止他人被侵害而使自己受损

这就是说,一方面,受害人必须是实施了防止或者制止他人民事权益被侵害的行为,另一方面,受害人因此而遭受了损害。如果当事人虽然实施了见义勇为的行为,但是没有遭受损害,或者损害的发生根本不是由于实施这个行为所引起的,那么就不存在责任分担的问题。

(三)侵权人无力承担责任或者逃逸

《侵权责任法》第23条规定,因防止、制止他人民事权益被侵害而使自己受到损害的,由侵权人承担责任。侵权人逃逸或者无力承担责任,被侵权人请求补偿的,受益人应当给予适当补偿。这就是说,在行为人实施了这种行为之后,遭受的损害首先应当由侵权人承担,而不是受益人。但是,有可能无法找到侵权人,比如侵权人逃跑或不知去向,又或者为了制止犯罪而遭受伤害,但是无法查获犯罪人,再或者说即便找到了侵权人,但是侵权人无力承担责任,没有财产。在这些情况下,受益人承担补偿的义务。

(四)被侵权人向受益人请求补偿

被侵权人向受益人请求补偿的主张,应得到支持。这就是说,如果受害人不向受益人请求的话,就根本不会存在公平责任的问题。当然,受益人自愿给予受害人补偿的,不在此限。

那么,在什么范围内给予多少补偿呢?这就是一个需要法官具体判断的问题。一般而言,应当结合以下两个因素考虑:

首先,损失的程度与经济能力。损害的程度就是说受害人所遭受损害的轻重程度。很显然,损害程度重的应当多给予补偿。而经济能力不仅要考虑受益人,还需要考虑受害人。

其次,受益人所获得利益的状况。如果受益人基本上没有获得什么好处,那么也就不应该分担过多的责任。因此,这是一个重要的考虑因素。比如,张某诉李某赔偿一案,张某之夫周某应被告邀请,为被告之子准备婚宴,当晚,周某坚持不到被告屋中睡觉而自愿睡在厨房中,结果因为煤气中毒死亡。这里就需要考虑被告李某所获得利益的状况。因此,法院判决被告应支付死者的部分丧葬费。

【典型案例】

帮助有风险　责任先明确

原告王某是木工,2005年8月受被告某中学雇请,帮其修理课桌凳等。泥工胡某于同年7月9日承揽了被告某中学厕所的修缮工作。同年12月,泥工胡某在修理被告厕所时发现厕所上边的椽头断了,就请原告王某帮忙修理,原告王某因此来到厕所边,并站在厕所边的石磅上向上查看,不慎摔倒受伤。受伤后,因伤势严重,立即被送往医院治疗,经诊断为左胫腓骨下端粉碎性骨折,医生为其进行了内固定术。王某住院18天,花去医疗费6150.55元。2006年4月6日,原告伤势被某法医学鉴定所鉴定为八级伤残。该案双方协商未果,原告诉至法院,要求被告某中学赔偿其各项经济损失,共计人民币36102.33元。

法院经审理查明,原告王某与被告某中学之间虽已形成事实上的雇佣关系,但事发当天原告王某去修理学校厕所的行为并不是受被告指派,也不属于原告的工作范围,原告只是接受胡某的邀请帮其修理厕所的椽头,原告王某与被告某中学没有直接的法律关系,与承揽人胡某之间构成义务帮工关系。承揽人胡某已于原告王某起诉前意外身亡。

【以案说法】

相对公平是法律的基本追求

此案法律关系明确,事实情况清楚,根据法律规定,帮工人因帮工活动遭受人身损害的,被帮工人应当承担赔偿责任。但问题的关键在于,本案中的被帮工人胡某已意外身亡,原告的损失已无法从被帮工人处得到赔偿,如果就此由原告独自承担巨额经济损失的后果,对其而言显然是不公平的。为了减轻原告的经济损失,能否适用公平责任原则,要求本案事实上的关系人某中学给予原告一定的经济补偿,就成为本案主审法官必须面对的问题。

公平责任原则是我国侵权行为法的独立归责原则,它是指在民事活动中以利益均衡作为价值判断标准,在民事主体之间发生利益摩擦时,以权利和义务是否均衡来平衡双方的利益。因此,公平责任原则是一条法律适用原则,即当民法规范缺乏规定时,可以根据公平责任原则来平衡当事人之间的权利义务关系。

一般情况下,依据《民法通则》第132条来界定公平责任原则,即"公平责任原则是指加害人和受害人都没有过错,在损害事实已经发生的情况下,以公平考虑作为价值判断标准,根据实际情况和可能,由当事人双方公平地分担损失的归责原则"。

一、适用公平责任原则应考虑的因素

根据我国《民法通则》第132条的规定,公平责任原则的适用应考虑"实际情况"。此处所称"实际情况",主要包括以下两个因素:

(一)损害程度

损害的程度必须较严重,即如果不分担损失则受害人将受到严重的损害,并且有悖于公平、正义的理念。如果只是较轻的损失,那么完全由受害人自己承担并不违背公平观念,也就无须适用公平责任原则。

(二)当事人的经济状况

当事人的经济状况是适用公平责任原则所要考虑的基本因素,此由公平责任原则的性质和目的所决定。也就是说,公平责任原则是要在无过错的当事人之间分担损失,那么其首要考虑的必然是当事人的经济状况如何。当事人的经济状况,即当事人实际的经济负担能力和承受能力,包括当事人的经济收入、必要的经济支出和应对家庭、社会承担的经济负担等。

二、适用公平责任原则的条件和具体情况

(一)适用条件

1.当事人双方都没有过错。

2.有较严重的损害发生。

3.不由双方当事人分担损失,有违公平的民法理念。

(二)具体情况

依《民法通则》的规定,以下几种情况可以适用公平责任原则:

1.无民事行为能力人、限制民事行为能力人致人损害,监护人已尽监护责任的。《民法通则》第133条规定:“无民事行为能力人、限制民事行为能力人造成他人损害的,由监护人承担责任。监护人尽了监护责任的,可以适当减轻他的监护责任。”由此可知,确定法定代理人的侵权责任,适用两个归责原则——过错推定原则和公平责任原则。前者为基本的归责原则,后者则是补充性的归责原则。也就是说,在损害发生后,首先推定法定代理人主观上存在过错,若法定代理人不能证明自己无过错,则应承担赔偿责任;若法定代理人证明其已尽到监护职责而没有过错,亦应承担赔偿责任,只是可以基于公平的考虑,适当减轻其责任。

2.紧急避险造成损害,危险是由自然原因引起,且避险人采取的措施又无不当的。《民法通则》第129条规定:“因紧急避险造成损害的,由引起险情发生的人承担民事责任。如果危险是由自然原因引起的,紧急避险人不承担民事责任或者承担适当的民事责任。”《民法通则》的司法解释第156条规定,因紧急避险造成他人损失的,如果险情是由自然原因引起,行为人采取的措施又无不当,则行为人不承担民事责任。受害人要求补偿的,可以责令受益人适当补偿。

3.行为人见义勇为而遭受损害的。《民法通则》的司法解释第142条规定,为维护国家、集体或者他人合法权益而使自己受到损害,在侵害人无力赔偿或者没有侵害人的情况下,如果受害人提出请求的,人民法院可以根据受益人受益的多少及其经济状况,责令受益人给予适当补偿。此种情形也属公平责任原则的适用范围。

4.堆放物品倒塌致人损害,当事人均无过错的。《民法通则》的司法解释第155条规定,因堆放物品倒塌造成他人损害的,如果当事人均无过错,应当根据公平原则酌情处理。堆放物的性质与《民法通则》第126条所说的“建筑物上的搁置物、悬挂物”相似,确定堆放物品倒塌致人损害的民事责任时,应首先适用第126条所采用的过错推定原则,推定物品堆放人有过错,如果物品堆放人证明其没有过错,即当事人均无过错,而由受害人承担全部损失又显失公平的,则应适用公平责任原则来分担责任。

5.当事人对造成损害均无过错,但一方是在为对方的利益或共同利益进行活动的过程中受到损害的。《民法通则》的司法解释第157条规定,当事人对造成损害均无过错,但一方是在为对方的利益或共同利益进行活动的过程中受到损害的,可以责令对方或者受益人给予一定的经济补偿。这条规定同样体现了公平责任原则的要求。

以上五种情形是由法律明文规定的,但由于社会生活的复杂多变,法律不可能穷尽社会生活中各种可适用公平责任原则的情形。因此,适用公平责任原则不能拘泥于法律明文规定的情形,只要法官通过审查,排除了适用过错责任原则和无过错责任原则的可能性,同时案件又符合适用公平责任原则的三个条件,就可以依据公平的理念予以判决。

本案中,由于赔偿义务人胡某的意外死亡,造成原告王某的损失已无法获得赔偿,如果由原告独自承担不能获得赔偿的后果又显得不公平。最后,法院依据公平责任原则适用《民法通则》司法解释第157条的规定,当事人对造成损害均无过错,但一方是在为对方的利益或共同利益进行活动的过程中受到损害的,可以责令对方或者受益人给予一定的经济补偿,判令被告某中学补偿原告王某各项经济损失7500元。

根据前述分析可知,本案原告由于义务帮工活动造成巨额经济损失,使自己落入不幸当中,生产、生活陷于困境。原告、被告在整个事件的发生过程中均无过错,但不由双方当事人分担损失,又有违公平之理念。所以,本案可以适用公平责任原则,法院判令被告某中学承担适当的民事责任,是妥当、公平的。

【法条链接】

中华人民共和国民法通则

第一〇九条 因防止、制止国家的、集体的财产或者他人的财产、人身遭受侵害而使自己受到损害的,由侵害人承担赔偿责任,受益人也可以给予适当的补偿。

第一三二条 当事人对造成损害都没有过错的,可以根据实际情况,由当事人分担民事责任。

最高人民法院《关于贯彻执行〈中华人民共和国民法通则〉若干问题的意见(试行)》

142.为维护国家、集体或他人合法权益而使自己受到损害,在侵害人无力赔偿或者没有侵害人的情况下,如果受害人提出请求的,人民法院可以根据受益人受益的多少及其经济状况,责令受益人给予适当补偿。

157.当事人对造成损害均无过错,但一方是在为对方的利益或者共同的利益进行活动的过程中受到损害的,可以责令对方或者受益人给予一定的经济补偿。

最高人民法院《关于审理人身损害赔偿案件适用法律若干问题的解释》

第十四条　帮工人因帮工活动遭受人身损害的,被帮工人应当承担赔偿责任。被帮工人明确拒绝帮工的,不承担赔偿责任;但可以在受益范围内予以适当补偿。

帮工人因第三人侵权遭受人身损害的,由第三人承担赔偿责任。第三人不能确定或者没有赔偿能力的,可以由被帮工人予以适当补偿。

第十五条　为维护国家、集体或者他人的合法权益而使自己受到人身损害,因没有侵权人、不能确定侵权人或者侵权人没有赔偿能力,赔偿权利人请求受益人在受益范围内予以适当补偿的,人民法院应予支持。

中华人民共和国侵权责任法

第二十三条　因防止、制止他人民事权益被侵害而使自己受到损害的,由侵权人承担责任。侵权人逃逸或者无力承担责任,被侵权人请求补偿的,受益人应当给予适当补偿。

第三十三条　完全民事行为能力人对自己的行为暂时没有意识或者失去控制造成他人损害有过错的,应当承担侵权责任;没有过错的,根据行为人的经济状况对受害人适当补偿。

【扩展阅读】

额外的"公平责任"[①]

——民办学校与学生健康权纠纷案例解析

翱翔(化名)学校系教育局批准成立的一所民办学校,实行封闭式管理,学生每两周回家一次,平时不得外出。2007年9月29日上午考试,该校高二在校学生郑迪(化名,生于1989年3月13日)、李明(化名)提前交卷,二人商量外出,

①马行提:《额外的"公平责任"——民办学校与学生健康权纠纷案例解析》,载《中国教师报》,2011年8月31日。

翻越学校围墙（3米左右），李明先翻过去，郑迪翻围墙往下跳时摔倒在地受了伤，立即被送往本市骨科医院住院治疗。经诊断为骨折并截瘫，需长期装配截瘫支具，费用为9000元，使用期限为3~5年，每年的维修费为该支具的5%。住院21天，其间需2人陪护，由郑迪父母陪护，郑迪父亲郑杰（化名）系某公司职工，自2007年9月29日一直在家照顾孩子，出院后仍需1~2人陪护，花费医疗费42000元。2007年10月28日至2008年6月，郑迪在市中医院推拿康复针灸治疗，花费医疗费15000元，另用外购药治疗花费17900元。2007年11月7日，翱翔学校补助郑迪10000元。2008年12月8日经本市某法医临床司法鉴定所鉴定，郑迪的伤残程度为二级。2009年，郑迪向所属区人民法院起诉翱翔学校和李明，要求二被告（翱翔学校和李明）赔偿其经济损失10万元并承担精神抚慰金10万元。

经查，对于郑迪与李明相约外出，翻越学校围墙，郑迪作为完全民事行为能力人，对该行为可能造成的后果具有认识能力，理应对自己受到的人身危险具有完全民事责任。郑迪是自己翻越学校围墙，翱翔学校尽到了管理责任，无过错。李明与郑迪是各自翻越学校围墙，且没有相互推拉行为，李明对郑迪的损害也无过错。

但郑迪是在学校上学期间与李明相约外出受伤，与翱翔学校和李明在原因上均有一定联系，依照公平原则，二被告应分担郑迪部分经济损失。郑迪因伤致残确实给本人和家庭造成巨大的精神痛苦，但翱翔学校和李明对此均无过错，其精神抚慰金10万元请求无法律依据，不予支持。故判决：一、被告李明于判决生效后10日内补偿原告经济损失3万元。二、被告翱翔学校于判决生效后10日内补偿原告经济损失4万元。三、驳回原告其他诉讼请求。

第六单元　你的悲伤我不负责

——哪些情形下可以不承担责任？

【精讲精析】

在民事侵权中，一般情况下有损害就有赔偿，但凡事都有例外，有的损害是可以不赔偿的，这就是民事侵权中的免责情形，即免除行为人的责任。但是很明显，免除责任承担的情形必须是法律严格规定的，只能在特定的情形下才能免责。具体而言，在以下八种情形下，行为人就可以免责。

一、依法行使权利

在依法行使权利的情况下，行为的主体是国家机关工作人员，而且国家机关工作人员实施的也必须是公务行为。比如，警察为查明真相，依法搜查犯罪嫌疑人住处属于公务行为，但是如果有人冒充警察搜查，那么即便被搜查的人真的实施了犯罪，该冒充警察的人的行为也是侵权的，或者警察出于私人恩怨进行搜查，也属于侵权。这些情形下都不能免除侵权人的责任。

国家机关工作人员依法行使权利是有限制条件的，第一个限制条件是要有明确的、合法的授权。比如警察逮捕犯罪嫌疑人，如果没有逮捕证就把犯罪嫌疑人强行逮捕，那么这种行为就属于侵权。另外，即便是在有授权的情形下，行使权利也不能超越授权范围。比如，根据《无照经营查处取缔办法》第9条的规定，县级以上工商部门对于涉嫌无照经营行为可以行使下列职权：(1)责令停止相关经营活动；(2)向与无照经营行为的有关的单位和个人调查、了解有关情况；(3)进入无照经营场所实施现场检查；(4)查阅、复制、查封、扣押与无照经营行为有关的合同、票价、账簿以及其他资料；(5)查封、扣押专门用于从事无照经营活动的工具、设备、原材料、产品等财物；(6)查封有证据表明危害人体健康、存在重大安全隐患、威胁公共安全、破坏环境资源的无照经营场所。这些都是工商部门的职权,在这些职权范围内进行执法,就不会存在侵权的问题,但是如果工商部门在查处的时候发现企业有犯罪行为,就自行将犯罪嫌疑人拘押,这时工商部门的行为就构成了侵权,因为工商部门并没有这项权利。第二个限制是职权的行使必须要合法,而且不能超过必要的限度,不能"用大炮打蚊子"。比如,在火灾不可能蔓延的时候,消防队员仍然将邻近火源的房子拆掉,这时候拆除房子的行为就超出了执行职务必要的限度,也就构成了侵权。

国家机关工作人员在执行职务时违法行使职权,造成他人的损害构成侵权的,负赔偿责任的并不是执行职务的个人,而是国家,这就是国家赔偿制度。

二、正当防卫

正当防卫在刑法上都是免于承担刑事责任的,那么在侵权法上就更不会承担责任,因此在正当防卫的情形下,行为人不承担责任。但是需要明确的是,正当防卫保护的必须是合法的利益,而不能是非法的利益。比如自己的包被抢的时候奋力争夺,结果导致对方摔断了手,花去医药费若干,这时候就是正当防卫;但是如果是为了保护违禁物品造成了他人的损害,就不构成正当防卫,而属于侵权。比如双方斗殴,互有损伤,都不构成正当防卫。

虽然正当防卫可以免责,但是凡事都有限度,如果正当防卫超过了必要的限度,就成了防卫过当,这时行为人就需要承担相应的责任。比如某人的包被抢,他追上去把包夺了回来,在抢夺的过程中造成了对方骨折,对于这个损害他不需要承担责任。但是如果他已经夺回了包,却又将对方暴打一顿,结果造成对方软组织受损,这就属于明显的防卫过当,构成了侵权。再比如一个身强体壮的成年人,被一个10岁左右的未成年人抢了包,他只需要稍微制止就可以保护自己的财产,但是他却使劲一脚踹到了这个未成年人的胸口,造成骨折,这就属于防卫过当。由此可以看出,防卫是否过当需要根据具体情况来判断。

三、紧急避险

紧急避险与正当防卫在实施的条件上非常相近,只是有一点不同,正当防卫针对的是非法侵害,损害的利益并不具有合法性,比如面对抢劫,抢劫本身是非法侵害,实施抢劫的人的行为也不具有合法性。而紧急避险是两个或者多个合法利益凑到了一块,但是必须舍弃某一个或几个利益才能保住其他利益。比如,由于船遭受了风浪必须抛弃部分货物时,被抛弃的货物和留下的货物都是合法的利益，但是如果不抛弃部分货物，那么全部的货物就会沉没，甚至会影响到船员的生命，这时抛弃部分货物的行为就属于紧急避险，正所谓“两权相较取其轻”。与正当防卫相同，紧急避险也不能超过必要的限度，如果超过了必要限度，就是侵权。这个“必要”怎么来确定，就需要根据具体的情形进行分析，法律并没有明确的规定。一般情况下，人身权利（比如生命权、健康权）大于财产权利。也就是说，紧急避险实际上是“弃车保帅”的行为。

但是，那些职业上或者是业务上负有特定责任的人，不能适用紧急避险。比如，警察在面对抢劫时就不能袖手旁观，置之不理。类似的还有消防队员、医生、船长、防汛员等。

四、自助行为

自助行为也就是自己保护自己的权利，与国家保护相对应，因为每个人并不是随时都能得到国家的保护。比如在客人吃完饭拒不付钱时，饭店管理人就可以扣留客人携带的行李或者将该顾客送交有关部门处理。但是应该明确的是，自助行为保护的必须是合法的利益，而且行使的方式也是合法的。客人拒不付钱时不能使用暴力，也不能用违法的行为去保护合法的权利，因为如果使用暴力行为逼迫客人付钱，虽然最后客人迫于不堪忍受暴力付了钱，但是饭店却构成了侵权，反而需要为自己的行为买单。

五、受害人同意

这是一种非常特殊的情形，换句话说，行为人和受害人的关系是“周瑜打黄盖，一个愿打，一个愿挨”，即受害人事先明确承诺或者能够推定受害人承诺愿意承担某种后果或者风险，那么行为人在受害人自愿的范围内就不承担责任。比如，受害人明确表示允许他人拆除其房屋，那么他人的拆除行为就不构成侵权。但是，并不是所有受害人的同意都会使行为人免责，比如精神病人的同意就不在其中。这是因为，受害人必须具有承诺的能力，那些无民事行为能力人、限制民事行为能力人就不能做出承诺。对于人身权的同意一般也是无效的，比如即使某人同意放弃他的生命，他人对这一受害人生命的剥夺同样不能免责，还构成犯罪。但是像献血、捐赠器官、自愿接受某种手术治疗等，就是合法的。

六、受害人故意

如果是受害人自己的过错造成了损害结果的发生，那么也只能是自作自受了。也就是说，受害人自己明知自己的行为会让自己受到损害，仍然希望或者放任这种行为，最终造成了自己的损害。比如受害人明知盗窃电线会触电引发安全事故，仍然从事盗窃的行为，造成的损害就只能自己承担，电力公司不负责任。再比如，受害人故意挑逗一只狗，最终这条狗咬伤了自己，这时就不能要求狗的主人赔偿其损失，而只能自己承担责任。

七、第三人过错

第三人过错就是说“半路里杀出个程咬金”，受害人的损害既不是自己（原告）造成的，也不是被告造成的，而是另有其人。比如，某企业的污水池在甲的田地旁边，而乙与甲有仇，所以趁半夜将污水池掘开一个口子，导致甲的田地被全部淹没，损失惨重。这一损害后果的出现并不是企业造成的，也不是甲自己造成的，而是乙的行为造成的，所以企业就可以免责，而由第三人乙来承担责任。

八、不可抗力

不可抗力就是指人无法预见、无法防止也无法避免的事件，如地震、泥石流、台风、海啸，还包括战争、罢工等。比如，甲带乙去玩，结果途中遇到大风，乙被大风吹倒的树打伤，由于这是甲无法预见的，同时也是甲不想看到的，所以甲不负责任。也就是说，不可抗力免责有点“听天由命”的意思。

【典型案例】

案例一　陈某诉公安局赔偿损失案[①]

2001年12月24日8时40分许，原告丈夫韩某驾驶的红旗牌出租轿车在庄河市某镇附近发生交通事故。庄河市公安局交通警察大队接到报警后，立即赶到事故现场。在事故现场初步查明，韩某驾驶的红旗牌轿车已被撞变形，韩某被夹在驾驶座位中，生死不明，需要立即抢救。为了尽快救出韩某，警方先

①本案摘自《中华人民共和国最高人民法院公报》2003年第3期，入选本书时有改动。

后采取了撬杠等方法，都不能打开驾驶室车门，最后采取了气焊切割的方法，在周围群众的帮助下，将韩某从车中救出送往医院。虽然在气焊切割车门时采取了安全防范措施，但切割时仍造成了轿车失火，因火势较大，事先准备的消防器材无法将火扑灭，扩大了汽车的损失。原告认为，庄河市公安局交通警察大队在事故现场用气焊切割该车，致使该车失火导致原告经济损失总额达21万余元。该车被撞损失约为3万元，其余为失火损失。由于交通警察处理事故时的职务行为直接导致车辆失火，故应赔偿该车因失火造成的经济损失18万元。

事后，原告陈某要求庄河市公安局赔偿抢险警察气焊切割时造成车辆被烧毁的损失，庄河市公安局于2002年4月16日做出不予赔偿决定。陈某不服，向辽宁省庄河市人民法院提起行政诉讼，请求行政赔偿。

法院审理认为，《国家赔偿法》第2条第1款规定："国家机关和国家机关工作人员违法行使职权侵犯公民、法人和其他组织的合法权益造成损害的，受害人有依照本法取得国家赔偿的权利。"

庄河市公安局交通警察大队在接到报警后，即派人赶赴现场处理事故，是履行交通警察的职责。在处理事故中，警方根据司机韩某生死不明的情况，判断应立即从发生事故的汽车中将其救出送往医院，并无不当。在其他方法都无法打开已经变形的车门时，不得不采取破损车门的措施。虽然该措施后来导致了汽车的毁损，但由于当时情况紧急，无法采取其他更安全、有效的措施抢救韩某。警方在救人过程中虽然造成了汽车的毁损，但不具有违法性，原告陈某要求庄河市公安局对抢险过程中致使其汽车毁损给予行政赔偿，不符合《国家赔偿法》的有关规定。庄河市公安局对此做出不予赔偿的决定是正确的，应予维持。

据此，庄河市人民法院依据《中华人民共和国行政诉讼法》第54条第(一)项的规定，于2002年6月26日判决维持被告庄河市公安局《不予赔偿决定书》。

案例二　交通事故中损害赔偿的责任认定①

2001年1月8日13时许，下雪。柳某某驾驶卞某所有的半拖挂汽车，沿某线路由西向东行驶至某处时，发现由南向北横过公路的骑车人王某，立即采取向左打方向并刹车的避让措施。因雪天路滑和车速高，该车车头越过公路中心线，车尾向右甩尾侧滑，与相向而行并由原告周某某驾驶的大货车发生碰

①本案摘自《中华人民共和国最高人民法院公报》，2002年第5期，入选本书时有改动。

撞,致周某某受伤,两辆汽车都有不同程度的损坏;车尾向右侧滑时,又将王某连人带车撞倒,造成其当场死亡。某交通巡警大队的《道路交通事故责任认定书》认定:此次事故中,半拖挂汽车驾驶员柳某某在雪天路滑的情况下超速行驶,发现险情时采取的避让措施不当,致使车辆侧滑后发生事故,违反了《道路交通管理条例》第6条关于“驾驶车辆必须右侧通行”,第36条第(三)项关于“机动车遇有风、雨、雪、雾天,能见度在30米以内时最高时速不准超过20公里”的规定,应负事故主要责任;死者王某在横过公路时对车辆观察避让不够,违反了《道路交通管理条例》第7条第1款关于“车辆、行人必须各行其道。借道通行的车辆或行人,应当让在其本道内行驶的车辆或行人优先通行”的规定,应负事故的次要责任;大货车驾驶员周某某正常驾驶,对事故不负责任。

事发后,经某保险公司对大货车定损,确认损失数额为26900元。原告周某某受伤后,在某县医院住院救治30天,自行负担医疗费3439.20元。柳某某以及半拖挂汽车的车主卞某已经向王某的亲属赔偿损失4.3万元,给周某某赔偿损失2.8万元。

2001年5月8日,原告周某某以自己在此次事故中无责任却损失惨重,王某对此次事故负次要责任,其遗产继承人应按王某分担的责任给予赔偿为由,诉至法院。

以上事实,有《道路交通事故责任认定书》、《道路交通事故赔偿调解终结书》、车辆产权证、户籍证以及双方当事人陈述等证据证实。这些证据经庭审质证、认证,可以作为认定本案事实的根据。反诉原告王某某、李某某(王某父母)主张反诉被告周某某超速行驶,应负事故的次要责任,为此出示了证人陈某、周某的证言。周某某对陈某、周某证言的真实性提出异议,因陈某、周某没有到庭,无法质证,故对这两个证人的证言不予采信。

某县人民法院认为:在此次道路交通事故中,被告王某某、李某某的女儿王某死亡,原告周某某身体受伤、车辆损坏,事实清楚。对此次事故,柳某某负主要责任,已经由其本人和车主卞某赔偿了全部损失的80%。死者王某负事故的次要责任,但至今没有对在此次事故中无责任却遭受损失的周某某给付任何赔偿。公民的合法权益应受法律保护。对周某某的损失,应由王某的遗产继承人王某某、李某某承担20%的赔偿责任。王某某、李某某反诉主张周某某应负事故的次要责任,因证据不足,不予支持。据此,某县人民法院于2001年7月25日判决:

一、被告王某某、李某某于本判决生效后10日内,在其继承王某遗产的范围内给原告周某某赔偿总损失34570.30元的20%，共计6914.06元。二被告互负连带清偿责任。

二、驳回原告周某某的其他诉讼请求。

三、驳回反诉原告王某某、李某某的诉讼请求。

【以案说法】

案例一　违法行使职权是国家赔偿之前提

根据《国家赔偿法》第2条第1款的规定，国家机关及其工作人员违法行使职权，是给予国家赔偿的必要前提。本案中，警方是在司机韩某被夹在发生事故的轿车驾驶室里生死不明，需要紧急抢救的情况下，决定实施强行打开驾驶室车门措施的。由于当时其他方法都不能打开已经变形的车门，为及时抢救出韩某而采取气焊切割车门的方法，实属情况紧急，迫不得已。因为不及时打开车门，就无法对生死不明的韩某实施紧急救护，尽早打开车门救出韩某，就有可能挽救其生命。气焊切割车门的方法虽然会破坏车门，甚至造成汽车的毁损，但及时抢救韩某的生命比破损车门或者造成汽车的毁损更为重要。因为相对人的生命而言，破坏汽车车门或者汽车导致他人利益受损的法益明显较小，警方在紧急情况下做出强行打开车门抢救韩某的决定，具有充分的合理性，而且在采取措施之前，警方已经尽可能地采取了相应的防范措施。虽然气焊切割车门导致轿车失火，但该行为从性质上属于警方正当的抢险救助行为，没有超出交通警察依法履行职责的范围。上诉人陈某要求警方对在不得已情况下的紧急救助行为所造成的损失给予行政赔偿，是没有法律依据的。又由于事故现场客观条件的限制，无法准确判断司机韩某的生死状况，故不能以事后证实的结果为理由，认定警方对韩某的救助行为没有实际的意义，故上诉人陈某认为警方实施的紧急抢险行为不当的理由亦不成立。

案例二　紧急避险如何认定责任

本案所涉道路交通事故，实际是由连环发生的两起事故组成，两起事故分别造成两个损害结果。解决本案纠纷，首先应当根据损害结果查明造成损害的原因，然后才能分析每个当事人应负的责任。

两个损害结果分别为：上诉人王某某、李某某的女儿王某死亡、其所骑自行车被毁坏,被上诉人周某某遭受的车毁人伤。王某死亡、其所骑自行车被毁坏是因王某违规横过公路,柳某某在超速行驶的情况下采取的避让措施不当造成的。这是一起交通肇事案件,对这起交通肇事的责任,道路交通事故处理机关认定由柳某某负主要责任,王某负次要责任。

而周某某遭受的车毁人伤,是因柳某某在企图避让横过公路的王某时,不顾雪天路滑和对面来车的现场实际情况,大幅度向左打方向,使超速行驶的机动车越过公路中心线造成的。这属于紧急避险行为,《民法通则》第129条规定:“因紧急避险造成损害的,由引起险情发生的人承担民事责任。如果危险是由自然原因引起的,紧急避险人不承担民事责任或者承担适当的民事责任。因紧急避险采取措施不当或者超过必要的限度,造成不应有的损害的,紧急避险人应当承担适当的民事责任。”在这起紧急避险事故中,险情虽然是由违规横过公路的王某引起,但在宽阔的路面上,王某的违规行为,不会迫使柳某某只能采取两车相撞的办法去避险。导致两车相撞的根本原因,是柳某某超速驾驶和采取的紧急避险措施不当。道路交通事故处理机关认定周某某是正常驾驶,对事故不负责任,那么紧急避险事故的责任,自然应当由柳某某全部负担,与王某无关。周某某起诉请求由王某某、李某某为死者王某承担20%的事故赔偿责任,理由不能成立。

另外,王某死亡时不满14周岁,本人尚需父母抚养,没有任何个人财产可供其承担民事责任,也未留下任何遗产可供其父母继承。柳某某以及车主卞某给付上诉人王某某、李某某的4.3万元,是根据《道路交通事故处理办法》第36条的规定给付的丧葬费和死亡补偿费。丧葬费是依死者亲属实际支出的费用计算的,死亡补偿费是对死者亲属的经济补偿和精神抚慰。这两项费用,都不是死者的遗产。一审判决王某某、李某某在继承王某遗产的范围内给周某某赔偿6914.06元,没有事实根据,是错判,应当纠正。

《道路交通事故处理办法》(以下简称《处理办法》)第44条对机动车在造成非机动车、行人一方人员死亡或者重伤的交通事故中,机动车一方没有过错的情况做出了规定。本案既有机动车与非机动车之间发生的交通肇事,也有机动车与机动车之间的紧急避险事故。造成非机动车一方人员死亡的,是交通肇事中案外人所有的机动车,且肇事机动车一方已对自己的过错承担了责任。被上诉人周某某是紧急避险事故的受害方,没有参与交通肇事,与交通肇事中非机动车一方人员的死亡无关,不属于《处理办法》第44条规定所指的情况,因此该条规定对本案并不适用。上诉人王某某、李某某上诉主张周某某应分担10%的赔偿责任，理由不能成立。

【法条链接】

中华人民共和国民法通则

第一〇七条　因不可抗力不能履行合同或者造成他人损害的，不承担民事责任，法律另有规定的除外。

第一五三条　本法所称的"不可抗力"，是指不能预见、不能避免并不能克服的客观情况。

第一二三条　从事高空、高压、易燃、易爆、剧毒、放射性、高速运输工具等对周围环境有高度危险的作业造成他人损害的，应当承担民事责任；如果能够证明损害是由受害人故意造成的，不承担民事责任。

第一二七条　饲养的动物造成他人损害的，动物饲养人或者管理人应当承担民事责任；由于受害人的过错造成损害的，动物饲养人或者管理人不承担民事责任；由于第三人的过错造成损害的，第三人应当承担民事责任。

第一二八条　因正当防卫造成损害的，不承担民事责任。正当防卫超过必要的限度，造成不应有的损害的，应当承担适当的民事责任。

第一二九条　因紧急避险造成损害的，由引起险情发生的人承担民事责任。如果危险是由自然原因引起的，紧急避险人不承担民事责任或者承担适当的民事责任。因紧急避险采取措施不当或者超过必要的限度，造成不应有的损害的，紧急避险人应当承担适当的民事责任。

中华人民共和国侵权责任法

第二十七条　损害是因受害人故意造成的，行为人不承担责任。

第二十八条　损害是因第三人造成的，第三人应当承担侵权责任。

第二十九条　因不可抗力造成他人损害的，不承担责任。法律另有规定的，依照其规定。

第三十条　因正当防卫造成损害的，不承担责任。正当防卫超过必要的限度，造成不应有的损害的，正当防卫人应当承担适当的责任。

第三十一条　因紧急避险造成损害的，由引起险情发生的人承担责任。如果危险是由自然原因引起的，紧急避险人不承担责任或者给予适当补偿。紧急避险采取措施不当或者超过必要的限度，造成不应有的损害的，紧急避险人应当承担适当的责任。

【扩展阅读】

免责声明在先 拍得赝品自担[①]

李某在网上看到拍卖公司发布的拍卖广告,想购买几幅字画进行投资,于2010年6月13日前往拍卖公司在北京饭店举办的拍卖会参加竞拍。在竞拍前,李某与拍卖公司签署了《竞买人登记表》,在登记表背面,拍卖公司以加粗字体大写“重要提示”的方式进行了声明,内容为:自行审视拍品,拍卖会前,竞买人应对拍品进行翔实了解,本公司所提供的拍品文字数据等仅供参考,对拍品真伪及其质量不承担瑕疵担保责任。

李某当天拍下两幅字画:程璋的《马上封侯图》和林则徐的行书,共计花费12万元,并向拍卖公司支付了佣金14400元。事后,李某又到另一家拍卖行想将这两幅字画拍卖出去,但被告知这两幅字画为赝品。李某认为拍卖公司以真品的售价拍卖赝品,明显存在恶意欺诈的意图,故起诉请求法院撤销与拍卖公司之间的拍卖合同,退还其支付的字画价款12万元,并返还佣金14400元,赔偿李某一倍的字画价款及佣金。

法院经审理认为,被告(拍卖公司)在拍卖前就拍品真伪瑕疵做出了原告(李某)应当知晓的免责声明,而原告也在注有“重要提示”的竞买人登记表上签字,证明其已知悉拍卖风险。而后,原告以竞买人登记表的签字非其本人所写、竞买人登记表的背面没有签字、竞买人登记表的背面文字有可能是被告事后添加为理由,否认被告向其告知过免责声明,因原告无证据佐证,因此法院认定原、被告之间的拍卖合同有效,依法驳回原告的诉讼请求。

---

① 康洪、荣慧:《免责声明在先 拍得赝品自担》,载《人民法院报》,2011年11月15日,第3版。

第七单元　共同致害就要共同承担责任吗？

——共同侵权知多少

【精讲精析】

一、共同侵权的构成要件

共同侵权是指二人以上共同实施的，造成他人损害的侵权行为。具体而言，共同侵权由以下四个要件构成：

(一)行为人是独立承担民事责任的多人

行为人必须为二人或者二人以上，而且这些人必须是独立承担民事责任的主体，不存在任何替代关系。比如雇主与雇员的关系，数个雇员在工作中共同对第三人造成了损害，这不属于几个雇员构成共同侵权，而是雇主构成侵权行为，因为雇员的过错是由雇主来承担的。

(二)构成共同侵权

各个行为人均需要有过错，或者为故意或者为过失，但不必是共同的故意或者具有相同的故意，只要求各行为人在过错的具体内容是相同的或者相似的。

(三)侵权主体实施了共同的加害行为

共同的加害行为是行为人是否应当承担共同侵权责任的关键性要素。这里对加害行为要做广义上的理解，既包括了共同实施行为，也包括教唆行为与实施行为的结合以及帮助行为与实施行为的结合，另外还包含了无意思联络情况下的共同加害行为。

(四)统一性的损害结果

共同侵权行为导致的损害后果是一个统一的不可分割的整体，任何一部分损害后果都不能从整体损害后果中独立出来。而且，侵权行为与作为一个整体的损害后果之间具有因果关系,即受害人的损失是由侵权主体的共同行为造成的,侵权主体才可能承担共同侵权责任。

二、共同侵权的类型

(一)主观的共同侵权行为

主观的共同侵权行为就是主观关联的共同侵权行为,是有意思联络的共同侵权行为,即数人基于主观故意而共同侵害他人权益造成损害的共同侵权行为。这种共同侵权行为的共同加害人包括实行行为人、教唆行为人和帮助行为人。按照通说,只包括实行行为人的共同侵权行为是简单的共同侵权行为,而包括教唆行为人和帮助行为人在内的共同侵权行为是复杂的共同侵权行为。

(二)客观的共同侵权行为

客观的共同侵权行为就是客观关联共同的共同侵权行为。笔者曾经将其叫作视为共同侵权行为,是指数人没有共同故意或者共同过失,各自的行为相互结合,共同造成同一个损害结果的侵权行为。这种侵权行为虽然不具有共同侵权行为主观上的特征,但由于各行为人之间的行为相互结合的关联性,造成了同一个损害结果而使各行为人的行为不可分割,形成了一个侵权行为,行为人之间应当承担连带责任。

(三)共同危险行为

共同危险行为是指数人共同实施有侵害他人权利危险的行为,并且已经造成损害结果,但不能判明其中谁是加害人的准共同侵权行为。

(四)团伙成员的集合行为

所谓团伙成员的集合行为,是指团伙组织的成员实施侵权行为造成他人损害的侵权行为。如果没有团伙的集合行为则可以避免造成损害,如果该集合行为可以归责于该团伙,则该团伙的其他成员应当承担连带责任。

三、共同侵权的责任承担

在产生了共同侵权之后,就会产生相应的责任。对于共同侵权而言,其责任的承担主要有两种形式:

(一)共同侵权行为人的外部责任

连带债务是指债务人有数人时,债权人得请求每一个债务人履行全部债务,各债务人均负有全部给付债务的责任,且全部债权债务因一次全部给付而归于消灭。作为连带债务的债权人，可以对连带债务人中的一人、数人或全体主张其权利，同时或先后请求全部或部分的给付。承担连带债务的原因在于：首先，受害人可以先向最具有偿付能力的加害人请求全部债务的给付，从而使债务迅速得以清偿。其次，在连带债务中，是以数个连带债务人的全部财产作为债务给付之担保，责任财产的范围较大，所以通常情况下，受害人的利益足以得到保障。

（二）共同侵权行为人的内部责任

共同侵权责任对外具有连带性，对内则可能产生共同侵权行为人之间的求偿关系。《民法通则》第87条规定："负有连带义务的每个债务人，都负有清偿全部债务的义务，履行了义务的人，有权要求其他负有连带义务的人偿付他应当承担的份额。"也就是说，内部责任要解决两个问题：一是内部份额的确定。我国《民法通则》对共同侵权行为内部责任的分担原则并没有明确的规定。二是求偿权的行使。求偿权是指连带债务人中的一人或数人承担了其他连带债务人应承担的债务后，有权向其他债务人追偿。

四、共同侵权责任的免除

既然是责任，总会在一定的情形下被免除，那么对于共同侵权来说，在哪些情形下会出现责任的免除呢？一般而言，有两种情形：

（一）赔偿权利人免除全部或部分责任

虽然共同侵权人已经造成了损害，但是权利人免除了侵权人的责任。由于免除是一种单方行为，不需要经过他人的同意，因此，只要是出于权利人自愿，那么责任不用再承担。

（二）一人或数人承担了全部的赔偿责任

共同侵权人中，有一个人或者数个人向赔偿权利人履行了全部侵权人的赔偿责任，那么责任也会相应地免除。但是，多承担的共同侵权人可以向没有承担或者少承担的共同侵权人追偿。

【典型案例】

王某诉南某等人损害赔偿案①

原告王某诉称,2004年5月13日下午5点30分左右,在其经过朝阳区某广场时,由于被告南某所放的风筝线被被告陆某所开的车辆挂住,被告陆某的车速过快,致使风筝线将王某衣服刮破,并将其双臂和腰部刮伤。对于王某的经济损失和人身损害,经过某派出所调解,三方未能达成一致意见,故诉至法院,诉请判令两位被告赔偿其医疗费221.40元、衣物损失费195元、女士休闲包损失费80元、误工费807.69元、交通费150元、继续治疗费2000元、因继续治疗而产生的误工费及交通费500元、精神损害抚慰金7000元,共计10954.09元,并向王某赔礼道歉。

被告南某辩称,其在放风筝时,风筝被风刮下来,缠在陆某车前玻璃的雨刷器上,由于当时陆某的车速过快,在每小时40公里以上,风筝线挂绕在王某的身上。南某将陆某的车叫停后,与陆某一同将风筝线解下,王某当时并未找两位被告赔偿。等陆某将车开走后,王某找到南某谈起其受伤之事,后在警察的帮助下找到陆某,由于两位被告就责任分配问题未达成一致引起本诉。南某认为是陆某的车辆快速行驶将其风筝线挂绕到了王某的身上,自己当时的注意力在风筝上,不可能预见这种事情的发生,主观上并没有过错,故南某只同意向王某赔礼道歉,不同意其他诉讼请求。

被告陆某辩称,其车上的雨刷器确实被南某的风筝线缠上,但和南某在解风筝线时并未见到王某,后来才得知王某被风筝线挂绕致伤,所以王某的损失与其无关。同时在当时的地理情况下,陆某从拱形桥上下来左转,不可能车速过快,应为每小时20公里,也不可能预见到南某的风筝线会突然落下,更不可能看见南某极细的风筝线。此外,陆某在机动车道上正常行驶,依《道路交通安全法》的规定,南某不得占用道路从事包括放风筝等非交通活动,故王某的损失与其无关,不同意王某的诉讼请求。

法院审理认为:2004年5月13日下午5时30分左右,陆某驾驶一辆灰色捷达轿车,从某广场东侧的机动车单行道南段的桥上驶下后,自东向西行驶于停

①国家法官学院、中国人民大学法学院:《中国审判案例要览(2005年民事审判案例卷)》,中国人民大学出版社、人民法院出版社2006年版,第255-261页。入选本书时根据本书内容做了相应改动。

车场中的机动车道。当行至某处时，站在路南侧停车地带的南某所放的风筝突然从空中落下，该风筝的风筝线缠在了陆某所驾车辆前挡风玻璃上的雨刷器上。陆某所驾车辆在以不低于每小时20公里的速度继续向西行驶的过程中，该车所缠的风筝线挂绕在了王某的身上，造成其所穿长袖T恤衫双袖及腰间有长短不一的划口，所背休闲包肩带几乎被划断，并造成王某双臂及腰间有长短不一、深浅不一的划口。事后，陆某停下车辆，与南某一同解下缠在雨刷器上的风筝线，并将车辆开走。在陆某将车辆开走后，王某找到南某，并一同找到陆某协商赔偿之事。期间，王某曾报警，某派出所出警并主持三方协商解决该事，但三方未能达成一致。

2004年5月14日，王某到北京市朝阳区某医院就医，被诊断为“左右前臂外侧割伤，背部划伤”，并建议休息一周。之后，王某先后4次到该医院看病换药，共用去221.40元。另查，王某被划破的长袖T恤衫于2004年3月17日购买，价值195元；王某被划的休闲包于2004年2月购买，其自称价值80元，但未提供票据；王某月收入3000元；王某自称看病已用去交通费150元，其经咨询继续治疗的疤痕费为2000元，继续治疗可能造成误工费和交通费估算为500元，但未提供相关证据。

庭后，本院到现场进行勘察发现，某广场东侧有一机动车单行入口道，西侧有一机动车单行出口道，两道在北侧有一东西道路相连，该道路东侧立有停车场的标志牌，该道路西侧立有限速每小时5公里的标志牌。

北京市朝阳区人民法院依据《中华人民共和国民法通则》第130条、《中华人民共和国道路交通安全法》第31条、第119条之规定，判决如下：

一、被告南某和被告陆某于本判决生效后10日内向原告王某连带赔偿医疗费221.40元、衣物损失费230元、误工费807.69元、交通费50元和精神损害抚慰金1000元，共计2309.09元。被告南某和被告陆某之间的内部责任比例为南某负担70%，陆某负担30%。

二、被告南某和被告陆某于本判决生效后10日内向原告王某赔礼道歉。

三、驳回原告王某的其他诉讼请求。

【以案说法】

祸福共担　责任连带

共同侵权是2004年5月1日实施的最高人民法院《关于审理人身损害赔偿

案件适用法律若干问题的解释》中的重要规定之一。该解释第3条规定:“二人以上共同故意或者共同过失致人损害,或者虽无共同故意、共同过失,但其侵害行为直接结合发生同一损害后果的,构成共同侵权,应当依照民法通则第130条规定承担连带责任。二人以上没有共同故意或者共同过失,但其分别实施的数个行为间接结合发生同一损害后果的,应当根据过失大小或者原因力比例各自承担相应的赔偿责任。”依据该规定可将共同侵权分为:第一,共同故意的共同侵权;第二,共同过失的共同侵权;第三,无共同故意、共同过失,但其侵害行为直接结合发生同一损害后果的共同侵权(简称第三类共同侵权)。其中,第三类共同侵权是在该司法解释起草过程中争议最大的一类共同侵权。

本案事实形成于2004年5月13日,成诉于2004年5月19日,恰是最高人民法院的上述司法解释刚刚实施不久。本案陆某与南某所构成的共同侵权正是第三类共同侵权,本案的处理既是对最高人民法院上述司法解释在审判实践中理解和适用的一次有益尝试,也为第三人共同侵权提供了一个有价值的案例范本。但是,将第三类共同侵权作为共同侵权的一类之后,共同侵权人的内部责任分担比例出现了多元化,有必要加以讨论。

从共同侵权的责任后果来看,共同侵权人将承担责任形式中较重的一种,即连带责任。任何一类共同侵权中的侵权人均将承担此种责任,第三类共同侵权的侵权人也不例外。

具体地讲,在共同故意的共同侵权和共同过失的共同侵权中,往往由于各侵权人的过错程度,其侵权行为与损害后果的原因力比例大小几近一致,或者无法确定孰大孰小,共同侵权人在内部责任比例上基本上是平均分担的。当然也不排除上述两类共同侵权的责任人在内部责任比例上并非均担的情形,但毕竟是少数。而在第三类共同侵权中,共同侵权人的过错责任情形可以分为各自故意的结合、各自过失的结合、各自故意与各自过失的结合等情形。此外,还存在数个无过错责任相互结合的情形,以及无过错责任与上述过错责任随意结合的情形。这种多类责任情形的并存,使得我们在第三类共同侵权案件中往往可以分出各共同侵权人的过错程度或者侵权行为与损害后果的原因力比例大小,此时共同侵权人的内部责任比例往往不是均担,而是非均比例分担。所以,可以从共同侵权人内部责任比例的角度对共同侵权进行分类,一类为内部责任比例均担的共同侵权,另一类为内部责任比例非均担的共同侵权。

做出上述分类,是在以往从共同侵权的过错形态、行为形态、原因力形态、构成要件形态和对外责任态度等角度进行研究的基础上，加重对其内部责任形态的研究，实际是对共同侵权的终极责任问题的重视。之所以做出上述分类，是因为上述分析所指出的第三类共同侵权的引入。这种引入将使共同侵权人内部责任比例非均担的情形频繁出现，从而使得我们不能再忽视第三类共同侵权对共同侵权内部责任比例出现多元化的影响。

【法条链接】

中华人民共和国民法通则

第一三〇条　二人以上共同侵权造成他人损害的，应当承担连带责任。

中华人民共和国侵权责任法

第八条　二人以上共同实施侵权行为，造成他人损害的，应当承担连带责任。

第九条　教唆、帮助他人实施侵权行为的，应当与行为人承担连带责任。

教唆、帮助无民事行为能力人、限制民事行为能力人实施侵权行为的，应当承担侵权责任；该无民事行为能力人、限制民事行为能力人的监护人未尽到监护责任的，应当承担相应的责任。

第十条　二人以上实施危及他人人身、财产安全的行为，其中一人或者数人的行为造成他人损害，能够确定具体侵权人的，由侵权人承担责任；不能确定具体侵权人的，行为人承担连带责任。

第十一条　二人以上分别实施侵权行为造成同一损害，每个人的侵权行为都足以造成全部损害的，行为人承担连带责任。

第十二条　二人以上分别实施侵权行为造成同一损害，能够确定责任大小的，各自承担相应的责任；难以确定责任大小的，平均承担赔偿责任。

第十三条　法律规定承担连带责任的，被侵权人有权请求部分或者全部连带责任人承担责任。

第十四条　连带责任人根据各自责任大小确定相应的赔偿数额；难以确定责任大小的，平均承担赔偿责任。

支付超出自己赔偿数额的连带责任人，有权向其他连带责任人追偿。

最高人民法院《关于审理人身损害赔偿案件适用法律若干问题的解释》

第三条 二人以上共同故意或者共同过失致人损害,或者虽无共同故意、共同过失,但其侵害行为直接结合发生同一损害后果的,构成共同侵权,应当依照民法通则第一百三十条规定承担连带责任。

二人以上没有共同故意或者共同过失,但其分别实施的数个行为间接结合发生同一损害后果的,应当根据过失大小或者原因力比例各自承担相应的赔偿责任。

第四条 二人以上共同实施危及他人人身安全的行为并造成损害后果,不能确定实际侵害行为人的,应当依照民法通则第一百三十条规定承担连带责任。共同危险行为人能够证明损害后果不是由其行为造成的,不承担赔偿责任。

第五条 赔偿权利人起诉部分共同侵权人的,人民法院应当追加其他共同侵权人作为共同被告。赔偿权利人在诉讼中放弃对部分共同侵权人的诉讼请求的,其他共同侵权人对被放弃诉讼请求的被告应当承担的赔偿份额不承担连带责任。责任范围难以确定的,推定各共同侵权人承担同等责任。

人民法院应当将放弃诉讼请求的法律后果告知赔偿权利人,并将放弃诉讼请求的情况在法律文书中叙明。

【扩展阅读】

共同侵权是否适用连带责任①

交通事故中,施某驾驶轿车与徐某驾驶并载带李某的二轮摩托车相撞,李某因颅脑损伤当场死亡。经相关部门认定,施某和徐某分别负事故同等责任,李某不负事故责任。审理中查明,施某的轿车在人民保险公司投有交强险,而徐某未投保交强险。

处理结果:施某和徐某应当承担按份责任,二人的侵害行为并非狭义的共同侵权行为,从《侵权责任法》第8至12条内容上看,《侵权责任法》对《人身损害赔偿解释》扩大连带责任的适用范围持谨慎的否定态度,不应承担连带责任。

---

① 黄成刚、郎墨:《共同侵权是否适用连带责任》,载《江苏法制报》,2011年8月11日。

第八单元　你伤害了我不能一笑而过

——人身损害赔偿的范围和标准

【精讲精析】

人身损害是对人的身体权的侵害，它直接关系到一个人的正常生活，因此可以说，人身损害赔偿的重要性远远超过其他损害。那么，关于人身损害赔偿的范围和标准是什么呢?

从我国法律的规定看，除了《侵权责任法》之外，《民法通则》第119条对人身损害做了原则性的规定，最高人民法院《关于贯彻执行〈中华人民共和国民法通则〉若干问题的意见(试行)》第142条至147条对人身损害赔偿的内容进行了较为详细的规定，最高人民法院出台的《人身损害赔偿司法解释》对处理人身损害赔偿做了更为详细的规定。

一、人身损害赔偿的责任主体

对于人身损害赔偿来说，首先需要明确谁能够获得赔偿，谁应该承担赔偿责任。能够获得赔偿的人叫作赔偿权利人，包括受害人、对受害人承担扶养义务的人以及死亡受害人的近亲属。近亲属包括受害人的配偶、父母、子女、兄弟姐妹、祖父母、外祖父母、孙子女和外孙子女。而应当承担赔偿责任的人叫作赔偿义务人，包括自然人、法人和其他组织。

但是，有的时候加害人和赔偿义务人并不一致，具体包括以下四种情况:

1. 雇员在雇佣活动中造成了他人的损害，由其雇主承担责任。

2. 给别人提供无偿帮工的帮工人，如果在做帮工活动中给他人造成了损害，由被帮工人承担责任。

3. 未成年人造成他人损害，由他的监护人承担责任。

4. 法人、其他组织的法定代表人、负责人及其工作人员在执行职务时造成他人损害的,由法人或者其他组织承担责任。

二、人身损害的赔偿项目

在明确了谁该赔偿损害之后,就应该明确赔偿的范围,也就是哪些是可以要求加害人赔偿的。具体包括以下三个项目:

(一)因治疗损伤支出的赔偿项目

1.医疗费

医疗费包括受害人检查、治疗和康复所必须支出的费用。一般情况下是全部赔偿,医疗费的赔偿以医疗机构的诊断证明和医药费、治疗费、住院费的单据作为依据。康复费用包括受害人器官恢复正常所需要的费用、后续治疗需要的费用等,一般以医疗证明或者鉴定结论作为依据。

2.误工费

受害人因为受伤不能工作或者不能从事劳动损失的收入就是误工费,它不仅包括受害人从事本职工作的收入,还包括兼职的收入。但是应该明确,受害人必须不是当场死亡,如果是当场死亡,就没有误工费的问题,而只涉及死亡赔偿金的问题。

3.护理费

如果受害人在受伤期间生活不能自理,需要别人进行护理,那么护理的费用也属于赔偿范围。对于是不是需要护理的认定,需要由医疗单位或者专门的鉴定机构做出明确的意见,如果意见认为需要护理,就需要赔偿,如果意见认为不需要护理,就不赔偿。

4.交通费

如果受害人因为需要转院治疗,那么受害人、受害人的护理人因为转院发生的交通费同样也是赔偿的范围。交通费的依据是正式的票据,比如车票等。

5.住院伙食补助费

这一部分有两个条件:一是时间,即在住院治疗期间;二是补助的标准,即超过受害人正常伙食费的那一部分。

6.营养费

如果受害人通过正常的饮食不能满足身体治疗和恢复的需要,就需要以营养品来补充,这部分费用就属于营养费,也属于赔偿的范围。受害人是不是需要补充营养品,由医疗机构出具证明意见。

(二)因伤致残后的赔偿项目

1.常规赔偿项目

常规赔偿项目包括医疗费、误工费、护理费、交通费、住宿费、住院伙食补助费、营养费、康复费、护理费、后续治疗费。

2.残疾赔偿金

这里涉及残疾的鉴定,我国《工伤保险条例》将劳动能力鉴定分为两个标准:一是劳动功能障碍,分为十个伤残等级,最重的是一级,最轻的是十级。二是生活自理障碍,分为三级,包括生活完全不能自理、生活大部分不能自理和生活部分不能自理。进行伤残鉴定的时间是在受害人恢复到稳定状态后,由医院或者专门的鉴定机构做出。

3.残疾辅助器具费

如果受害人因为残疾需要残疾用具,比如假肢、助听器、矫形器、代步工具等,这部分费用也属于赔偿的范围。但是,残疾用具的价格不一,怎么确定呢?一般是由医院证明需要哪种残疾用具,然后凭医院的证明按照普及型的器具计算费用。

4.被扶养人的生活费

如果受害人全部或者部分丧失了劳动能力,那么由他扶养的人的生活费也属于赔偿的范围。被扶养人包括:未成年子女,父母已经死亡或者没有能力扶养的未成年孙子女、外孙子女、弟、妹,丧失劳动能力又没有其他生活来源的配偶、父母、兄、姐,因为特殊原因不能独立生活的成年子女,子女已经死亡或者没有能力赡养的祖父母、外祖父母。

(三)致人死亡的赔偿项目

1.常规赔偿项目

如果受害人当场死亡,就不会存在常规赔偿项目,如果是在经抢救治疗后死亡,就会包括这个项目。常规赔偿项目具体是指医疗费、误工费、护理费、交通费、住宿费、住院伙食补助费、营养费、康复费、护理费、后续治疗费。

2.丧葬费

如果受害人死亡,为办理丧事而支出的费用也是赔偿的范围。

3.被扶养人的生活费

死者生前扶养的人的生活费也属于赔偿的范围,被扶养人的范围包括未成年子女,父母已经死亡或者没有能力扶养的未成年孙子女、外孙子女、弟、妹,丧失劳动能力又没有其他生活来源的配偶、父母、兄、姐,因为特殊原因不能独立生活的成年子女,子女已经死亡或者没有能力赡养的祖父母、外祖父母。

4.死亡赔偿金

死亡赔偿金的本质是受害人因为死亡而无法继续获得收入,也就是收入的损失。

5.死者亲属的必要支出

办理丧事等事情支出的交通费、住宿费和误工费等,是死者亲属在办理死者丧事的过程中支出的费用,也属于赔偿的范围,按照实际的支出进行赔偿。

三、人身损害赔偿标准

明确了哪些属于应该赔偿的范围之后,就需要明确赔偿的标准。从计算的原则上讲,采用"就高不就低"的原则。

(一)医疗费的赔偿标准

根据《人身损害赔偿司法解释》第19条的规定,医疗费根据医疗机构出具的医药费、住院费等的收款凭证,结合病历和诊断证明等相关证据来确定,对于医疗费实行全部赔偿原则。

(二)误工费的赔偿标准

误工费根据受害人的误工时间和收入状况确定,同样实行全部赔偿原则。有固定收入的,按照单位时间的实际收入乘以误工时间来计算;没有固定收入的,按照受害人最近3年的平均收入乘以误工时间,或者法院根据法院所在地相同或者相近行业上一年度职工的平均工资乘以误工时间来计算。

(三)护理费的赔偿标准

护理费根据护理人员的收入和护理人数、护理的期限来确定,同样实行全部赔偿原则。护理人员的收入乘以护理人数再乘以护理期限就是护理费用。一般情况下,护理人为一人,如果需要增加护理人,根据医院的证明可以增加人数。而护理期限则根据受害人受害程度的不同来确定,如果是受害人残疾不能恢复生活自理能力,就需要结合受害人的年龄、健康状况等来确定,但是最长不超过20年。

(四)交通费的计算标准

交通费以受害人及其陪护人因就医或者转院治疗实际发生的费用计算。交通费应当以正式的票据为凭证。有关凭证应当与就医地点、时间、人数、次数相符合。交通费的范围包括受害人的交通费、参加救护的人的交通费、需要护理的人的交通费，如果受害人无法到医院就医，由医生出诊，那么出诊费用也包含在交通费之中。

（五）住院伙食补助费

住院伙食补助费可以参照当地国家机关一般工作人员的出差伙食补助标准确定。补助的期限原则上是住院期间，将住院期间乘以当地国家机关工作人员每天的标准就是伙食补助费。这部分中当然包含了住宿费用，标准仍然是当地国家机关一般工作人员出差的住宿标准。但是，如果国家机关一般工作人员的出差住宿费用过高或者过低，可以适当进行调整。

（六）营养费的计算标准

营养费根据受害人的伤残情况参照医疗机构的意见确定。营养费主要包括是否需要额外增加营养、需要的营养品的等级以及需要增加营养的期限等。

（七）残疾赔偿金的计算标准

残疾赔偿金根据受害人丧失劳动能力的程度或者伤残鉴定等级，按照法院所在地上一年度城镇居民人均可支配收入或者农村居民的人均纯收入计算。赔偿的期限是从确定残疾之日起20年。但是，如果是60周岁以上的，年龄每增加1岁减少1年；75周岁以上的，按照5年计算。所以，残疾赔偿金的计算方式是：

对于60周岁以下的人，残疾赔偿金=伤残等级（Ⅰ级的按照100%计算，Ⅱ级的减少10%，其他依此类推）×受诉法院所在地上一年度城镇居民人均可支配收入或者农村居民人均纯收入×20年。

对于60岁以上的人，残疾赔偿金=伤残等级（Ⅰ级的按照100%计算，Ⅱ级的减少10%，其他依此类推）×受诉法院所在地上一年度城镇居民人均可支配收入或者农村居民人均纯收入×(20年－增加的岁数)。比如，受害人65岁，Ⅱ级伤残，当地人均可支配收入5000元，残疾赔偿金是5000×90%×(20－5)=67500元。

对于75岁以上的人，残疾赔偿金=伤残等级（Ⅰ级的按照100%计算，Ⅱ级的减少10%，其他依此类推）×受诉法院所在地上一年度城镇居民人均可支配收入或者农村居民人均纯收入×5年。

（八）残疾辅助器具费的计算标准

残疾辅助器具按照普通适用器具的合理费用标准计算，伤情有特殊需要的，可以参照辅助器具配置机构的意见确定相应的合理费用标准，而辅助器具的更换周期和赔偿期限参照配置机构的意见确定。

（九）丧葬费的计算标准

丧葬费一般包括运送尸体、火化、普通骨灰盒和一期骨灰安放等费用，可以按照受诉法院所在地上一年度职工月平均工资标准，以6个月总额计算。

（十）被扶养人生活费的计算标准

被扶养人生活费根据扶养人丧失劳动能力的程度，按照受诉法院上一年度城镇居民人均年消费性支出或者农村居民人均年生活消费支出计算。

被扶养人为未成年人的，计算至18周岁；被扶养人无劳动能力又没有其他生活来源的，计算20年，但是60周岁以上的，年龄每增加1岁减少1年；75周岁以上的，按照5年计算。比如，被扶养人为13周岁，当地人均年消费性支出为10 000元，那么生活费是10 000×（18－13）=50 000元；如果被扶养人是55周岁，那么生活费是10 000×20=200 000元。而如果被扶养人是66周岁，那么生活费是10 000×（20－6）=140 000元。

（十一）死亡赔偿金的计算标准

对于死亡赔偿金，我国采用定型化赔偿方式。死亡赔偿金按照受诉法院所在地上一年度城镇居民人均可支配收入或者农村居民人均纯收入的标准，按20年计算。但是60周岁以上的，年龄每增加1岁减少1年。75周岁以上的，按照5年计算。

比如死亡受害者为30岁，上一年度人均可支配收入是50 000元，那么死亡赔偿金=50 000×20=1 000 000。而如果死亡受害人是67岁，那么死亡赔偿金=50 000×（20－7）=650 000。

【典型案例】

案例一　黄某某诉汪某人身损害赔偿案

原告黄某某（未成年人）的法定代理人黄某诉称：2002年3月31日早上，被告汪某（幼儿保育员）发现原告持续抽搐，才送其到长泰县医院治疗。由于原告病情较重被转送至漳州市某医院住院治疗，被诊断患乙型脑炎。原告虽然接受了治疗，于2002年4月29日出院，但仍然出现失语、吞咽等功能不完善的情况。根据临床医学表明，流行性乙脑病毒是寄生于猪等动物宿主身上，通过蚊虫叮咬而传播，潜伏期为4～21天，发病时伴嗜睡、头痛、呕吐等。被告如果能提供安全、卫生的场所，做好防蚊、灭蚊工作，及时发现原告的病情，原告是不会患上乙型脑炎的。另外,被告未经有关部门批准就从事幼儿保育工作的营利性经营行为是非法经营。综上,被告的过错行为显然属于特别严重的侵权,因此要求被告支付医疗费25374.86元、住院伙食补助费450元(15元×30天)、护理费450元(15元×30天)、精神损失费5万元、伤残补助费90244元、交通费1000元。

被告汪某辩称:首先,原告称被告看护孩子属非法经营的主张不能成立。被告看护孩子属于一般民间意义上的保姆行为,不存在法律上的禁止行为。所以,从被告与原告之间关系的性质上来看,不应将被告提供家庭场所看管孩子确定为幼儿园性质,不应认定被告的行为属非法经营。其次,原告称被告未尽看护、照料义务,未及时发现原告的病状,从而导致原告患病的言辞毫无依据。患流行性乙脑不是一般检验手段就能诊断出的,根据医学上的流行病学资料记载,原告的病情的初期表现应为恶心、呕吐、发高烧等症状,但是原告发病前吃、睡等日常生活均正常,不存在任何人体功能障碍。原告于2002年3月31日突发乙脑后,被告立即将其送往医院住院诊治,并抓紧与原告父母和亲属联系,由此可见,被告已尽了看护义务。第三,原告在春节期间被其父母带回家过年,也许是在这段时间感染病毒,而且人的生老病痛是人生的自然规律,患病是人生存的一种正常现象,只能预防、治疗,从民法理论上讲属于不可抗力。原告发病后,被告及时将其送往医院住院治疗,已尽了照料义务,无须承担民事赔偿责任。综上,原告的诉讼请求缺乏依据,请求法院驳回原告的诉讼请求。

市法院审理认为:2000年6月,原告的父母与被告汪某口头约定,将原告委托给被告看护,原告的食宿由被告提供,并由被告负责照料其生活起居,原告父母每月支付被告人民币300元。与原告一样由被告看护,食宿在被告家的还有其他4个小孩。原告父母将原告委托给被告看护时,未将原告的计划免疫情况告知被告,也未将免疫证交给被告。2002年春节前夕,原告由其父母带回家过年,于2002年2月24日被送到被告家看护。2002年3月31日早上7时许,原告口吐白沫、四肢抽搐,被告将原告送至县某医院就诊。由于病情严重,于当天中午12时30分转到漳州市某医院住院治疗。2002年4月4日,原告被诊断为乙型脑炎,同年4月29日出院。原告为此支付医疗费人民币24941.55元(含救护车费200元),同时还支付一些车费。

另据病理分析,流行性乙型脑炎疾病的病原体是乙脑病毒,经蚊虫叮咬后,病毒进入人体。流行性乙型脑炎临床表现:潜伏期一般为10~14日,初期病程1~3日,体温在1~2日内高达39℃~40℃,伴有头痛、恶心、呕吐,多有嗜睡、精神倦怠及抽搐等症状。另查明,原告出生后于1997年12月27日接种乙脑疫苗一次(完成计划免疫还应再接种疫苗)。2002年7月3日漳州市某法院鉴定,原告伤残等级为三级。

福建省某法院经审理认为:原告发病系感染乙脑病毒所致,人感染上乙脑病毒是否发病主要取决于自身的免疫力,自身免疫力来自先天和后天,后天免疫力与接种乙脑疫苗有直接的关系。若原告父母能严格按《中华人民共和国传染病防治法》的规定让原告参加计划免疫,会增强原告的免疫力。被告汪某在原告病发时,及时将原告送到医院就医,已尽到看护人的管理、照料义务,原告无法举证证明被告在看护过程中存在过错。因此,原告要求被告支付医疗费、护理费、住院伙食补助费、精神损失费、残疾者生活补助费的诉讼请求,法院不予支持。但考虑到原告系在被告看护期间感染到乙脑病毒,且被告的看护行为是有偿行为,因此,按公平原则,被告应给予原告一些经济补偿。

依照《中华人民共和国民法通则》第4条之规定,经审判委员会讨论决定,判决如下:被告汪某应给予原告黄某某经济补偿人民币8000元,限本判决生效后10日内付清。本案受理费人民币4860元,原告黄某某负担4628元,被告负担232元。

案例二 王某诉杨某等人身损害赔偿案[①]

原告王某(未成年人)的法定代理人牟某代为诉称:在一次交通事故中,原告之父王某某被挂靠在被告泸州市某汽车队的被告杨某驾驶的汽车轧死。交警部门认定:杨某负此次交通事故的主要责任。依照《中华人民共和国民法通则》(简称《民法通则》)第119条、《中华人民共和国继承法》(简称《继承法》)第28条的规定,原告必要的生活费、教育费应当由杨某赔偿,泸州市某汽车队应当承担连带赔偿责任。由于杨某的反对,此项赔偿在原交通肇事一案的刑事附带民事判决中未解决。请求判令:(1)被告给原告支付生活费2万元、教育费3600元;(2)被告给原告支付精神抚慰金2万元;(3)本案诉讼费由被告负担。

被告杨某辩称:王某某死时未婚,没有配偶,何来子女。《民法通则》第9条规定:"公民从出生时起到死亡时止,具有民事权利能力,依法享有民事权利,承担民事义务。"原告即便是王某某的遗腹子,但王某某死亡时王某尚未出生,不是具有民事权利能力的、能够行使请求权的民事主体。《继承法》第28条规

①本案摘自《中华人民共和国最高人民法院公报》2006年第3期,入选本书时有改动。

定:“遗产分割时,应当保留胎儿的继承份额。胎儿出生时是死体的,保留的份额按照法定继承办理。”本案是交通肇事损害赔偿,不是继承案件,赔偿金不等于遗产,保留胎儿份额的规定不能在本案适用。《民法通则》第119条规定:“侵害公民身体造成伤害的,应当赔偿医疗费、因误工减少的收入、残疾者生活补助费等费用;造成死亡的,并应当支付丧葬费、死者生前扶养的人必要的生活费等费用。”在交通肇事一案中,王某某生前扶养人的经济赔偿问题已经附带解决。原告不是王某某生前扶养的人,不能依照这条规定来请求赔偿,其诉讼请求应当驳回。被告杨某提交四川省泸州市公安局某派出所的常住人口登记表一份,用以证明王某某未婚,其与牟某不存在夫妻关系。

被告泸州市某汽车队辩称:即使能证明原告王某是被害人王某某的遗腹子,也只能按照《道路交通事故处理办法》进行赔偿。1岁的孩子懂得什么是精神损害,为什么要请求支付精神抚慰金?由此不能满足原告的全部诉讼请求。

法庭审理认为:2002年4月27日,挂靠在被告泸州市某汽车队的被告杨某驾驶小货车,从泸州市某区公路向泸州方向行驶,当行至该公路某处会车时,由于对前方路面情况观察不够,将同向行走的赶猪人王某某撞倒,王某某经抢救无效死亡。泸州市公安局交通警察支队某大队认定,杨某负此次事故的主要责任。在解决杨某交通肇事应承担的民事赔偿责任时,被害人王某某的父母曾请求杨某和泸州市某汽车队连带赔偿“未生下来的小孩抚养费”。由于王某某至死未婚,没有妻子,且小孩尚未出生,无法断定其与王某某的关系,故在杨某反对下,未能满足此项赔偿请求。2002年10月22日,牟某生育了原告王某。2003年1月,牟某代理王某提起本案诉讼。

审理期间,经原告方申请,法院提取了在交警处保存的被害人王某某血样和其母亲保存的血衣,同时送至四川某法医学鉴定中心鉴定。因血衣变质,丧失了检验条件,四川某法医学鉴定中心只对血样进行了鉴定。结论为:王某某是原告王某的亲生父亲。

同时查明,原告王某的母亲牟某与王某某自由恋爱多年并同居生活。王某某死亡时,牟某已怀孕。2002年,泸州市的最低生活保障标准是每月130元,教育费年约444元。

泸州市某人民法院于2003年5月28日判决:被告杨某在本判决书生效后10日内,一次性给付原告王某生活费12636元、教育费3600元,共计16236元;其余损失1804元,由王某自行负担。被告泸州市某汽车队对上列赔偿款承担垫付责任。驳回原告王某的其他诉讼请求。诉讼费1712元、鉴定费4000元,合计5712元,由原告王某负担812元,被告杨某负担4900元。

【以案说法】

案例一 言顺无需名正 赔偿首要定性

一、本案如何定性

定性问题是确定案件性质的关键。这不仅涉及案由的确定,还直接关系到案件的审理方向、适用法律以及适用归责原则等实质性问题。本案在法院审理期间,对如何定性存在不同意见。一种观点认为,本案属于服务合同纠纷,即基于原告父母的委托,原、被告之间实质上形成了服务与被服务的关系。另一种观点认为,本案只能依一般的侵权纠纷处理。

服务合同是无名合同,是指服务人提供技术、文化、生活等服务,被服务人接受服务并给付服务费的合同。服务合同的一个显著特点是,服务人是从事各种服务性经营并须经过法定程序批准的特殊主体,而本案被告作为一般意义上的保姆,虽然从事着帮人照管幼儿的服务性经营活动,并收取一定的服务费,但没有经过法定机关的批准,所以并不符合服务合同关于服务人的特殊要件,也就不符合服务合同的特征,不能定性为服务合同纠纷。再从原告提出的赔偿项目来看,其中包含精神损害赔偿的内容,这是属于侵权责任的赔偿范围,不属于违约责任的赔偿范围。因此,本案定性为一般侵权纠纷,以人身损害赔偿的案由进行审理比较准确。

这里延伸出一个问题,如果排除服务人主体的不适格问题,即假设被告不是一个民间的个体保姆,而是经过法定程序批准的从事照管看护幼儿的托儿所,那么本案就成立服务合同关系。此时基于本案的案情,就会产生基于违约(违反服务合同)的请求权与基于侵权(造成人身损害)的请求权的竞合。处理这种竞合的最好办法就是由原告在两者之间做出选择,一旦原告选择了其中一种请求权,则应当按其选择来处理。

二、本案可否适用公平原则

我国法学界通常认为公平责任是一种独立的民事责任,但它不能与过错责任、无过错责任并列。在一般侵权的情况下适用过错责任,即行为人只有在有过错的情况下才对损害结果承担民事责任。只有在法律特别规定的情况下,才适用无过错责任,即行为人主观上没有过错,也要对损害承担责任。

公平责任实质是任何一方当事人都不应当承担民事责任的情况下的一种民事责任，只为弥补过错责任之不足，以求依社会公平观念由当事人分担损害的一种责任。

就本案来讲，它属于一般的侵权案件，应当先用过错责任原则来分析。从查明的事实来看，原告发病系蚊虫叮咬感染乙脑病毒所致。被蚊虫叮咬是一种不可抗力，任何人的一生都不可能保证不被蚊虫叮咬，作为被告不可能有致原告感染乙脑病毒的主观故意。被告在发现原告发病时，及时将原告送到医院就医，已尽到看护人的管理、照料义务，也不存在主观过错。在此过程中，原告也没有过错。那如何救济原告的损失呢？依照《民法通则》第132条的规定，适用公平责任原则是一个合适的选择。当然，鉴于被告对原告的照看是基于被告与原告父母的一种有偿的委托关系，原告是在被告履行看护、管理义务过程中受到损害的，也可依据最高人民法院《关于贯彻执行〈中华人民共和国民法通则〉若干问题的意见(试行)》第157条之规定，责令被告给予原告一定的经济补偿。因此，本案法院的判决是正确的，但其直接适用《民法通则》第4条，即民法的基本原则，而未适用《民法通则》第132条或最高人民法院《关于贯彻执行〈中华人民共和国民法通则〉若干问题的意见(试行)》第157条之规定值得商榷。

案例二　血浓于水：遗腹子同样可以是法律主体

《中华人民共和国婚姻法》第21条规定："父母对子女有抚养教育的义务；子女对父母有赡养扶助的义务。"第25条规定："非婚生子女享有与婚生子女同等的权利，任何人不得加以危害和歧视。"父母对子女的抚养教育义务，是由父母与子女间存在的血缘关系决定的，不因父母之间是否存在婚姻关系而发生实质性变化。

《民法通则》第119条规定，侵害公民身体造成死亡的，加害人应当向被害人一方支付死者生前扶养的人必要的生活费等费用。"死者生前扶养的人"既包括死者生前实际扶养的人，也包括应当由死者扶养，但因为死亡事故发生，死者尚未扶养的子女。原告王某与王某某存在父子关系，是王某某应当扶养的人。王某出生后，向加害王某某的人主张赔偿，符合《民法通则》的这一规定。由于被告杨某的加害行为，致王某某在王某出生前死亡，使王某不能接受其父王某某的扶养。本应由王某某负担的王某生活费、教育费等必要费用的二分之一，理应由杨某赔偿。生活费按泸州市2002年最低生活保障每月130元标准,教育费按每年444元标准,计算至王某18周岁时止。《民法通则》第131条规定:“受害人对于损害的发生也有过错的,可以减轻侵害人的民事责任。”考虑到在交通事故中,王某某也有一定过错,故可以减轻杨某10%的赔偿责任。被告泸州市某汽车队是杨某车辆的挂靠单位,在杨某不能给付赔偿金的情况下,应当承担垫付责任。

原告方请求被告给付精神抚慰金,这一请求不符合《最高人民法院关于确定民事侵权精神损害赔偿责任若干问题的解释》中的规定,法院不予支持。所以,法院做出的判决是正确的。

【法条链接】

中华人民共和国民法通则

第一一九条 侵害公民身体造成伤害的,应当赔偿医疗费、因误工减少的收入、残疾者生活补助费等费用;造成死亡的,并应当支付丧葬费、死者生前扶养的人必要的生活费等费用。

最高人民法院《关于贯彻执行〈中华人民共和国民法通则〉若干问题的意见(试行)》

143.受害人的误工日期,应当按其实际损害程度、恢复状况并参照治疗医院出具的证明或者法医鉴定等认定。赔偿费用的标准,可以按照受害人的工资标准或者实际收入的数额计算。

受害人是承包经营户或者个体工商户的,其误工费的计算标准,可以参照受害人一定期限内的平均收入酌定。如果受害人承包经营的种植、养殖业季节性很强,不及时经营会造成更大损失的,除受害人应当采取措施防止损失扩大外,还可以裁定侵害人采取措施防止扩大损失。

144.医药治疗费的赔偿,一般应以所在地治疗医院的诊断证明和医药费、住院费的单据为凭。应经医务部门批准而未获批准擅自另找医院治疗的费用,一般不予赔偿;擅自购买与损害无关的药品或者治疗其他疾病的,其费用则不予赔偿。

145.经医院批准专事护理人,其误工补助费可以按收入的实际损失计算。应得奖金一般可以计算在应赔偿的数额内。本人没有工资收入的,其补偿标准应以当地的一般临时工的工资标准为限。

146.侵害他人身体致使其丧失全部或部分劳动能力的,赔偿的生活补助费,一般应补足到不低于当地居民基本生活费的标准。

147.侵害他人身体致人死亡或者丧失劳动能力的,依靠受害人实际扶养而又没有其他生活来源的人要求侵害人支付必要生活费的,应当予以支持,其数额根据实际情况确定。

最高人民法院《关于审理人身损害赔偿案件适用法律若干问题的解释》

第一条　因生命、健康、身体遭受侵害,赔偿权利人起诉请求赔偿义务人赔偿财产损失和精神损害的,人民法院应予受理。

本条所称"赔偿权利人",是指因侵权行为或者其他致害原因直接遭受人身损害的受害人、依法由受害人承担扶养义务的被扶养人以及死亡受害人的近亲属。

本条所称"赔偿义务人",是指因自己或者他人的侵权行为以及其他致害原因依法应当承担民事责任的自然人、法人或者其他组织。

第十七条　受害人遭受人身损害,因就医治疗支出的各项费用以及因误工减少的收入,包括医疗费、误工费、护理费、交通费、住宿费、住院伙食补助费、必要的营养费,赔偿义务人应当予以赔偿。

受害人因伤致残的,其因增加生活上需要所支出的必要费用以及因丧失劳动能力导致的收入损失,包括残疾赔偿金、残疾辅助器具费、被扶养人生活费,以及因康复护理、继续治疗实际发生的必要的康复费、护理费、后续治疗费,赔偿义务人也应当予以赔偿。

受害人死亡的,赔偿义务人除应当根据抢救治疗情况赔偿本条第一款规定的相关费用外,还应当赔偿丧葬费、被扶养人生活费、死亡补偿费以及受害人亲属办理丧葬事宜支出的交通费、住宿费和误工损失等其他合理费用。

第十八条　受害人或者死者近亲属遭受精神损害,赔偿权利人向人民法院请求赔偿精神损害抚慰金的,适用《最高人民法院关于确定民事侵权精神损害赔偿责任若干问题的解释》予以确定。

精神损害抚慰金的请求权,不得让与或者继承。但赔偿义务人已经以书面方式承诺给予金钱赔偿,或者赔偿权利人已经向人民法院起诉的除外。

第十九条 医疗费根据医疗机构出具的医药费、住院费等收款凭证,结合病历和诊断证明等相关证据确定。赔偿义务人对治疗的必要性和合理性有异议的,应当承担相应的举证责任。

医疗费的赔偿数额,按照一审法庭辩论终结前实际发生的数额确定。器官功能恢复训练所必要的康复费、适当的整容费以及其他后续治疗费,赔偿权利人可以待实际发生后另行起诉。但根据医疗证明或者鉴定结论确定必然发生的费用,可以与已经发生的医疗费一并予以赔偿。

第二十条 误工费根据受害人的误工时间和收入状况确定。

误工时间根据受害人接受治疗的医疗机构出具的证明确定。受害人因伤致残持续误工的,误工时间可以计算至定残日前一天。

受害人有固定收入的,误工费按照实际减少的收入计算。受害人无固定收入的,按照其最近三年的平均收入计算;受害人不能举证证明其最近三年的平均收入状况的,可以参照受诉法院所在地相同或者相近行业上一年度职工的平均工资计算。

第二十一条 护理费根据护理人员的收入状况和护理人数、护理期限确定。

护理人员有收入的,参照误工费的规定计算;护理人员没有收入或者雇佣护工的,参照当地护工从事同等级别护理的劳务报酬标准计算。护理人员原则上为一人,但医疗机构或者鉴定机构有明确意见的,可以参照确定护理人员人数。

护理期限应计算至受害人恢复生活自理能力时止。受害人因残疾不能恢复生活自理能力的,可以根据其年龄、健康状况等因素确定合理的护理期限,但最长不超过二十年。

受害人定残后的护理,应当根据其护理依赖程度并结合配制残疾辅助器具的情况确定护理级别。

第二十二条 交通费根据受害人及其必要的陪护人员因就医或者转院治疗实际发生的费用计算。交通费应当以正式票据为凭;有关凭据应当与就医地点、时间、人数、次数相符合。

第二十三条 住院伙食补助费可以参照当地国家机关一般工作人员的出差伙食补助标准予以确定。

受害人确有必要到外地治疗,因客观原因不能住院,受害人本人及其陪护人员实际发生的住宿费和伙食费,其合理部分应予赔偿。

第二十四条　营养费根据受害人伤残情况参照医疗机构的意见确定。

第二十五条　残疾赔偿金根据受害人丧失劳动能力程度或者伤残等级，按照受诉法院所在地上一年度城镇居民人均可支配收入或者农村居民人均纯收入标准，自定残之日起按二十年计算。但六十周岁以上的，年龄每增加一岁减少一年；七十五周岁以上的，按五年计算。

受害人因伤致残但实际收入没有减少，或者伤残等级较轻但造成职业妨害严重影响其劳动就业的，可以对残疾赔偿金作相应调整。

第二十六条　残疾辅助器具费按照普通适用器具的合理费用标准计算。伤情有特殊需要的，可以参照辅助器具配制机构的意见确定相应的合理费用标准。

辅助器具的更换周期和赔偿期限参照配制机构的意见确定。

第二十七条　丧葬费按照受诉法院所在地上一年度职工月平均工资标准，以六个月总额计算。

第二十八条　被扶养人生活费根据扶养人丧失劳动能力程度，按照受诉法院所在地上一年度城镇居民人均消费性支出和农村居民人均年生活消费支出标准计算。被扶养人为未成年人的，计算至十八周岁；被扶养人无劳动能力又无其他生活来源的，计算二十年。但六十周岁以上的，年龄每增加一岁减少一年；七十五周岁以上的，按五年计算。

被扶养人是指受害人依法应当承担扶养义务的未成年人或者丧失劳动能力又无其他生活来源的成年近亲属。被扶养人还有其他扶养人的，赔偿义务人只赔偿受害人依法应当负担的部分。被扶养人有数人的，年赔偿总额累计不超过上一年度城镇居民人均消费性支出额或者农村居民人均年生活消费支出额。

第二十九条　死亡赔偿金按照受诉法院所在地上一年度城镇居民人均可支配收入或者农村居民人均纯收入标准，按二十年计算。但六十周岁以上的，年龄每增加一岁减少一年；七十五周岁以上的，按五年计算。

第三十条　赔偿权利人举证证明其住所地或者经常居住地城镇居民人均可支配收入或者农村居民人均纯收入高于受诉法院所在地标准的，残疾赔偿金或者死亡赔偿金可以按照其住所地或者经常居住地的相关标准计算。

被扶养人生活费的相关计算标准，依照前款原则确定。

第三十一条　人民法院应当按照民法通则第一百三十一条以及本解释

第二条的规定,确定第十九条至第二十九条各项财产损失的实际赔偿金额。

前款确定的物质损害赔偿金与按照第十八条第一款规定确定的精神损害抚慰金,原则上应当一次性给付。

第三十二条 超过确定的护理期限、辅助器具费给付年限或者残疾赔偿金给付年限,赔偿权利人向人民法院起诉请求继续给付护理费、辅助器具费或者残疾赔偿金的,人民法院应予受理。赔偿权利人确需继续护理、配制辅助器具,或者没有劳动能力和生活来源的,人民法院应当判令赔偿义务人继续给付相关费用五至十年。

第三十三条 赔偿义务人请求以定期金方式给付残疾赔偿金、被扶养人生活费、残疾辅助器具费的,应当提供相应的担保。人民法院可以根据赔偿义务人的给付能力和提供担保的情况,确定以定期金方式给付相关费用。但一审法庭辩论终结前已经发生的费用、死亡赔偿金以及精神损害抚慰金,应当一次性给付。

中华人民共和国消费者权益保护法

第四十九条 经营者提供商品或者服务,造成消费者或者其他受害人人身伤害的,应当赔偿医疗费、护理费、交通费等为治疗和康复支出的合理费用,以及因误工减少的收入。造成残疾的,还应当赔偿残疾生活辅助具费和残疾赔偿金。造成死亡的,还应当赔偿丧葬费和死亡赔偿金。

中华人民共和国国家赔偿法

第三十四条 侵犯公民生命健康权的,赔偿金按照下列规定计算:

(一)造成身体伤害的,应当支付医疗费、护理费,以及赔偿因误工减少的收入。减少的收入每日的赔偿金按照国家上年度职工日平均工资计算,最高额为国家上年度职工年平均工资的五倍;

(二)造成部分或者全部丧失劳动能力的,应当支付医疗费、护理费、残疾生活辅助具费、康复费等因残疾而增加的必要支出和继续治疗所必需的费用,以及残疾赔偿金。残疾赔偿金根据丧失劳动能力的程度,按照国家规定的伤残等级确定,最高不超过国家上年度职工年平均工资的二十倍。造成全部丧失劳动能力的,对其扶养的无劳动能力的人,还应当支付生活费;

(三)造成死亡的,应当支付死亡赔偿金、丧葬费,总额为国家上年度职工年平均工资的二十倍。对死者生前扶养的无劳动能力的人,还应当支付生活费。

前款第二项、第三项规定的生活费的发放标准，参照当地最低生活保障标准执行。被扶养的人是未成年人的，生活费给付至十八周岁止；其他无劳动能力的人，生活费给付至死亡时止。

中华人民共和国道路交通安全法

第七十六条 机动车发生交通事故造成人身伤亡、财产损失的，由保险公司在机动车第三者责任强制保险责任限额范围内予以赔偿；不足的部分，按照下列规定承担赔偿责任：

（一）机动车之间发生交通事故的，由有过错的一方承担赔偿责任；双方都有过错的，按照各自过错的比例分担责任。

（二）机动车与非机动车驾驶人、行人之间发生交通事故，非机动车驾驶人、行人没有过错的，由机动车一方承担赔偿责任；有证据证明非机动车驾驶人、行人有过错的，根据过错程度适当减轻机动车一方的赔偿责任；机动车一方没有过错的，承担不超过百分之十的赔偿责任。

交通事故的损失是由非机动车驾驶人、行人故意碰撞机动车造成的，机动车一方不承担赔偿责任。

医疗事故处理条例

第五十条 医疗事故赔偿，按照下列项目和标准计算：

（一）医疗费：按照医疗事故对患者造成的人身损害进行治疗所发生的医疗费用计算，凭据支付，但不包括原发病医疗费用。结案后确实需要继续治疗的，按照基本医疗费用支付。

（二）误工费：患者有固定收入的，按照本人因误工减少的固定收入计算，对收入高于医疗事故发生地上一年度职工年平均工资三倍以上的，按照三倍计算；无固定收入的，按照医疗事故发生地上一年度职工年平均工资计算。

（三）住院伙食补助费：按照医疗事故发生地国家机关一般工作人员的出差伙食补助标准计算。

（四）陪护费：患者住院期间需要专人陪护的，按照医疗事故发生地上一年度职工年平均工资计算。

（五）残疾生活补助费：根据伤残等级，按照医疗事故发生地居民年平均生活费计算，自定残之月起最长赔偿三十年；但是，六十周岁以上的，不超过十五年；七十周岁以上的，不超过五年。

(六)残疾用具费:因残疾需要配置补偿功能器具的,凭医疗机构证明,按照普及型器具的费用计算。

(七)丧葬费:按照医疗事故发生地规定的丧葬费补助标准计算。

(八)被扶养人生活费:以死者生前或者残疾者丧失劳动能力前实际扶养且没有劳动能力的人为限,按照其户籍所在地或者居所地居民最低生活保障标准计算。对不满十八周岁的,扶养到十六周岁。对年满十六周岁但无劳动能力的,扶养二十年;但是,六十周岁以上的,不超过十五年;七十周岁以上的,不超过5年。

(九)交通费:按照患者实际必需的交通费用计算,凭据支付。

(十)住宿费:按照医疗事故发生地国家机关一般工作人员的出差住宿补助标准计算,凭据支付。

(十一)精神损害抚慰金:按照医疗事故发生地居民年平均生活费计算。造成患者死亡的,赔偿年限最长不超过六年;造成患者残疾的,赔偿年限最长不超过三年。

第五十一条 参加医疗事故处理的患者近亲属所需交通费、误工费、住宿费,参照本条例第五十条的有关规定计算,计算费用的人数不超过两人。

医疗事故造成患者死亡的,参加丧葬活动的患者的配偶和直系亲属所需交通费、误工费、住宿费,参照本条例第五十条的有关规定计算,计算费用的人数不超过两人。

第五十二条 医疗事故赔偿费用,实行一次性结算,由承担医疗事故责任的医疗机构支付。

工伤保险条例

第二十一条 职工发生工伤,经治疗伤情相对稳定后存在残疾、影响劳动能力的,应当进行劳动能力鉴定。

第三十二条 工伤职工因日常生活或者就业需要,经劳动能力鉴定委员会确认,可以安装假肢、矫形器、假眼、假牙和配置轮椅等辅助器具,所需费用按照国家规定的标准从工伤保险基金支付。

第三十三条 职工因工作遭受事故伤害或者患职业病需要暂停工作接受工伤医疗的,在停工留薪期内,原工资福利待遇不变,由所在单位按月支付。

停工留薪期一般不超过十一个月。伤情严重或者情况特殊,经设区的市级劳动能力鉴定委员会确认,可以适当延长,但延长不得超过十一月。工伤职工评定伤残等级后,停发原待遇,按照本章的有关规定享受伤残待遇。工伤职工在停工留薪期满后仍需治疗的,继续享受工伤医疗待遇。

生活不能自理的工伤职工在停工留薪期需要护理的,由所在单位负责。

第三十四条　工伤职工已经评定伤残等级并经劳动能力鉴定委员会确认需要生活护理的,从工伤保险基金按月支付生活护理费。

生活护理费按照生活完全不能自理、生活大部分不能自理或者生活部分不能自理三个不同等级支付,其标准分别为统筹地区上年度职工月平均工资的百分之五十、百分之四十或者百分之三十。

第三十五条　职工因工致残被鉴定为一级至四级伤残的,保留劳动关系,退出工作岗位,享受以下待遇:

(一)从工伤保险基金按伤残等级支付一次性伤残补助金,标准为:一级伤残为二十七个月的本人工资,二级伤残为二十五个月的本人工资,三级伤残为二十三个月的本人工资,四级伤残为二十一个月的本人工资;

(二)从工伤保险基金按月支付伤残津贴,标准为:一级伤残为本人工资的百分之九十,二级伤残为本人工资的百分之八十五,三级伤残为本人工资的百分之八十,四级伤残为本人工资的百分之七十五。伤残津贴实际金额低于当地最低工资标准的,由工伤保险基金补足差额;

(三)工伤职工达到退休年龄并办理退休手续后,停发伤残津贴,按照国家有关规定享受基本养老保险待遇。基本养老保险待遇低于伤残津贴的,由工伤保险基金补足差额。

职工因工致残被鉴定为一级至四级伤残的,由用人单位和职工个人以伤残津贴为基数,缴纳基本医疗保险费。

第三十六条　职工因工致残被鉴定为五级、六级伤残的,享受以下待遇:

(一)从工伤保险基金按伤残等级支付一次性伤残补助金,标准为:五级伤残为十八个月的本人工资,六级伤残为十六个月的本人工资;

(二)保留与用人单位的劳动关系,由用人单位安排适当工作。难以安排工作的,由用人单位按月发给伤残津贴,标准为:五级伤残为本人工资的百分之七十,六级伤残为本人工资的百分之六十,并由用人单位按照规定为其缴纳应缴纳的各项社会保险费。伤残津贴实际金额低于当地最低工资标准的,由用人单位补足差额。

经工伤职工本人提出,该职工可以与用人单位解除或者终止劳动关系,由工伤保险基金支付一次性工伤医疗补助金,由用人单位支付一次性伤残就业补助金。一次性工伤医疗补助金和一次性伤残就业补助金的具体标准由省、自治区、直辖市人民政府规定。

第三十七条 职工因工致残被鉴定为七级至十级伤残的,享受以下待遇:

(一)从工伤保险基金按伤残等级支付一次性伤残补助金,标准为:七级伤残为十三个月的本人工资,八级伤残为十一个月的本人工资,九级伤残为九个月的本人工资,十级伤残为七个月的本人工资;

(二)劳动、聘用合同期满终止,或者职工本人提出解除劳动、聘用合同的,由工伤保险基金支付一次性工伤医疗补助金,由用人单位支付一次性伤残就业补助金。一次性工伤医疗补助金和一次性伤残就业补助金的具体标准由省、自治区、直辖市人民政府规定。

第三十八条 工伤职工工伤复发,确认需要治疗的,享受本条例第三十条、第三十二条和第三十三条规定的工伤待遇。

中华人民共和国侵权责任法

第十六条 侵害他人造成人身损害的,应当赔偿医疗费、护理费、交通费等为治疗和康复支出的合理费用,以及因误工减少的收入。造成残疾的,还应当赔偿残疾生活辅助具费和残疾赔偿金。造成死亡的,还应当赔偿丧葬费和死亡赔偿金。

第十七条 因同一侵权行为造成多人死亡的,可以以相同数额确定死亡赔偿金。

第十八条 被侵权人死亡的,其近亲属有权请求侵权人承担侵权责任。被侵权人为单位,该单位分立、合并的,承继权利的单位有权请求侵权人承担侵权责任。

被侵权人死亡的,支付被侵权人医疗费、丧葬费等合理费用的人有权请求侵权人赔偿费用,但侵权人已支付该费用的除外。

第十九条 侵害他人财产的,财产损失按照损失发生时的市场价格或者其他方式计算。

第二十条 侵害他人人身权益造成财产损失的,按照被侵权人因此受到的损失赔偿;被侵权人的损失难以确定,侵权人因此获得利益的,按照其获得的利益赔偿;侵权人因此获得的利益难以确定,被侵权人和侵权人就赔偿数额协商不一致,向人民法院提起诉讼的,由人民法院根据实际情况确定赔偿数额。

【扩展阅读】

交通事故后鉴定当日意外死亡如何赔偿?[①]

被保险人在交通事故中受伤,去司法鉴定所做完伤残检验,回程途中因其他疾病死亡,其近亲属能否主张残疾赔偿金?

2010年8月6日,魏某持证驾驶变型拖拉机与耿某驾驶的电瓶三轮车发生碰撞,致耿某小肠穿孔、左三至八肋骨、趾骨和跟骨骨折。耿某住院25天后出院。9月15日,交警大队对本起交通事故做出责任认定书,认定魏某和耿某负事故的同等责任。2010年10月10日,耿某至某具备资质的司法鉴定所进行伤残鉴定。检验完毕后,在回程途中,耿某因肺心病意外死亡。2010年10月13日,司法鉴定所出具《司法鉴定意见书》,鉴定结论为:耿某因交通事故其肋骨骨折构成十级伤残,肠破裂修补构成十级伤残。2011年5月,耿某的近亲属向法院起诉,要求魏某和承保车辆的保险公司赔偿残疾赔偿金、精神抚慰金等各项损失合计87000余元。

耿某近亲属不应获得残疾赔偿金。对耿某而言,其本可获得残疾赔偿金,但因耿某在鉴定结论出来前意外死亡,其死因又与交通事故无关,即能不能获得残疾赔偿金,在耿某死亡时实际上并不确定。因而对一个死者而言,再提劳动能力丧失就已失去意义。所以,其近亲属将残疾赔偿金作为遗产而提出主张的诉讼请求不应得到支持。

①尹建林:《交通事故后鉴定当日意外死亡,残疾赔偿金还要赔偿吗?》,载《江淮法治》,2011年第24期。

第九单元　当财产受到侵犯时该如何应对

——财产损害赔偿的范围和标准

【精讲精析】

对财产权的保护,是现代民法的基本任务之一,各国民法都以不同的方式保护以所有权为核心的财产权,规定侵害他人财产权的行为是侵权行为。我国法律也对财产权的保护做了相对完善的规定。首先,《宪法》明确规定了对国家、集体和公民个人财产权的保护。其次,《刑法》中明确规定了"侵犯财产权"的各种犯罪行为和刑事责任。再次,民法对财产权的保护做了详尽的规定,《民法通则》《物权法》和《侵权行为法》中详细规定了财产权及其保护的规则。

对于财产损害,可以分为两大类:侵害物权的行为和侵害知识产权的行为。但是无论哪种侵害,都必须具备三个要素,否则就不能被认定是侵权。第一个要素是主体。财产损害赔偿法律关系的主体,就是财产损害的权利和义务的承受人,即赔偿权利人和赔偿义务人。所谓赔偿权利人,是指因侵权行为或者其他致害原因直接遭受财产损害的受害人。所谓赔偿义务人,是指因自己的或者他人的侵权行为以及其他致害原因依法应当承担民事责任的自然人、法人或者其他组织。此处的"其他组织"包括:(1)依法登记领取营业执照的私营独资企业、合伙组织;(2)依法登记领取营业执照的合伙型联营企业;(3)依法登记领取我国营业执照的中外合作经营企业、外资企业;(4)经民政部门核准登记领取社会团体登记证的社会团体;(5)法人依法设立并领取营业执照的分支机构;(6)中国人民银行、各专业银行设在各地的分支机构;(8)经核准登记领取营业执照的乡镇、街道、村办企业。第二个要素是内容,即权利人请求义务人赔偿财产损失的权利,义务人所承担的权利人的财产损失的义务。第三个要素是客体,也就是加害人对其侵权行为所造成的损害予以赔偿,它以财产给付为标志。

一、侵害物权的行为

在侵害财产权的侵权行为中，最重要的是侵害物权的行为。根据加害人的行为方式，侵害物权的行为可以分为：非法侵入、妨害、侵占和毁损四种。

（一）非法侵入

我国法律明确规定要保护公民的不动产所有权，规定公民的不动产不受侵犯，禁止非法搜查或者非法侵入公民的住宅。如果因为非法侵入他人的房屋造成了损害，就应当承担民事责任。通常情况下，这种损害包括：第一，给受害人行使不动产所有权或者使用权带来不便；第二，使受害人的不动产的实际价值或者效用受到贬损；第三，使受害人享受宁静和自由的权利受到破坏；第四，对不动产本身或者其他财产造成损害。

鉴于上述损害结果，非法侵入的加害人承担民事责任的基本方式是停止侵害；如果对不动产造成损害，可令加害人恢复原状；如果造成直接或者间接的财产损失，加害人应当赔偿。

（二）妨害

所谓妨害，是指加害人妨碍他人对不动产上的物权的行使以及物的利用便利的行为，是侵害他人物权的行为方式之一。从我国法律规定与实践看，妨害物权的行为主要包括以下几种：第一，施工。相邻一方因施工不经权利人允许，临时占用他方使用的土地，就构成妨害行为。第二，截水。对共同拥有或者使用的自然流水，一方擅自堵截或者独占，影响他方的正常生产、生活，构成妨害行为。第三，排水。使用他人土地排水超过必要限度或者不采取必要的保护措施，构成妨害行为。第四，通行。一方在另一方土地上通行造成损失的，属于妨害他人的土地使用权，或者权利人堵塞住建筑物范围内历史上形成的必经通道，构成妨害行为。第五，滴水。一方的房屋滴水影响他人相邻房屋的，如果侵害人有过错，构成妨害行为。第六，挖掘与种植。相邻一方在自己的土地上挖水沟、水池、地窖等，或者种植的竹木根枝伸延，危及另一方建筑物的安全和正常使用的，构成妨害行为。第七，相邻一方在自己的土地上建造建筑物，严重影响他人房屋之通风、采光的，也构成妨害。

（三）侵占

侵占是指加害人不法占有、处分他人之财产而侵害他人的财产权利的行为。侵占是一种积极的行为，通常表现为不法占有和不法处分。不法占有是指非权利人直接将他人的不动产或者动产据为己有,或声称对该财产享有所有权,或事实上占有该财产。盗窃是最常见、最典型的侵占他人财产的方式。不法处分是指非权利人擅自将他人之财产进行处分,包括拆除、出卖、出租等。财产共有人未经其他共有人同意,越权处理共有财产,也属于不法处分。鉴于侵占的性质,加害人承担民事责任的主要方式是停止侵害和返还财产。如果侵占行为在一定程度上损坏了原财产,应当恢复原状或者赔偿损失。而如果由于侵占行为造成了其他经济损失的,还应当赔偿损失。如果不法处分他人财产使得财产被第三人占有的,应当分情况处理。当第三人是善意时,一般不返还财产,由加害人赔偿损失。当第三人是恶意时,一般要求返还财产。

(四)毁损

毁损分为两种,一是毁灭,二是损坏。毁灭使得财物不再以原有的方式存在,损坏使财物部分或者全部丧失其原有功用、价值。鉴于毁损他人财产的性质,加害人应当承担的民事责任首先是停止侵害,其次是恢复原状和折价赔偿。当受损害的财产仅仅被损坏还有可能恢复原状时,加害人应当恢复原状,当受损害的财产已被毁灭无法恢复原状时,或者虽经修理仍然达不到其以前的功用和价值时,加害人应当对此财产折价,进行全部或者部分赔偿。

二、侵害物权的责任方式

根据我国法律的规定,对于加害人侵害物权的责任方式,主要有以下几种:

(一)返还财产

当所有人的财产被他人非法占有时,财产所有人或合法占有人可以根据我国法律的规定请求不法占有人返还原物。但是也存在例外,主要包含以下两种情况:(1)原物必须是特定物,而不能是种类物,原物必须能够确定;(2)虽然所有人或者合法占有人有权要求不法占有人返还财产,但是对于善意第三人系合法取得财产且支付了合理对价的情况,所有权人在请求返还原物时,必须补偿其受让时所支付的价金;而如果该善意第三人受让的财产是有价证券或者金钱时,所有权人就不能请求其返还。比如,王某在二手交易市场用200元购买了一辆八成新的自行车,该种自行车新车的价格为250元。后来李某发现王某所购买的自行车是自己丢失的自行车。在这种情况下,如果李某要求王某返还自行车,就必须补偿王某200元。因为王某不仅是善意,还支付了相应的对价。

(二)修理、重做、更换和恢复原状

当财产因为他人的侵权行为而遭受损害时,如果能够修复,财产所有权人、合法的占有人(如保管人)或者使用人(如承租人)就可以要求侵权行为人通过修理以达到恢复财产原状的目的。

恢复原状的提出必须具备一定的条件。第一,必须存在财产损坏的事实。第二,财产损坏是由于他人的违法行为造成的,包括故意损坏财产的行为和因使用不当而致财产损害的行为。如果财产是在使用过程中因为自然磨损造成了损坏,一般就不能请求恢复原状了。第三,被损坏的财产必须具有可修复的可能。如果被损坏的财产已经不可能被修复,那么财产所有权人就只能要求赔偿。

(三)排除妨碍或者消除危险

当财产所有权人行使所有权时受到了他人的非法妨碍,所有权人就可以请求妨碍人排除妨碍。消除危险是指造成人身或财产损害的可能性。比如,某化工厂排放的有毒废水虽然尚未流入王某的鱼塘,但是其沟渠与鱼塘之间相隔非常近,如果有强降水,必然会导致废水流入鱼塘,这就属于危险,王某可以要求化工厂消除危险。

(四)赔偿损失

赔偿损失是指违法行为人造成财产上的损失时,依法应当给受害人以经济补偿的民事责任形式。赔偿数额的确定,除法律另有规定的外,一般以补偿权利人所受的实际损失为原则,包括直接损失和间接损失。直接损失就是加害人侵占或者损坏受害人的财产,致使受害人所拥有的财产价值的实际减少。对财产的直接损失一般采用折价赔偿的方式。间接损失就是财产权利人预期可以达到的收益的减少。

三、侵害知识产权的损害赔偿

知识产权具有明显的财产属性,侵权人对于侵害知识产权所造成的财产损失,应当承担相应的赔偿责任。就侵害知识产权的损害赔偿原则而言,以全部赔偿为原则,限额赔偿为补充。

(一)全部赔偿原则

全部赔偿原则也称为全面赔偿原则,是指知识产权损害赔偿责任的范围应当以加害人侵权行为所造成的财产损失范围为标准,承担全部责任。比如,我国《商标法》第63条规定了侵犯商标权的赔偿数额,为侵权人在侵权期间因侵权所获得的利益,或者被侵权人在被侵权期间因侵权行为所受到的损失。《著作权法》第48条同样规定了计算的方式。侵犯著作权或者与著作权相关的权利的,侵权人应当按照权利人的实际损失给予赔偿,实际损失难以计算的,可以按照侵权人的违法所得给予赔偿。赔偿数额包括权利人为制止侵权行为所支付的合理开支,比如权利人或者委托代理人对侵权行为进行调查取证时所支付的合理费用。

(二)限额赔偿原则

所谓限额赔偿原则,是指人民法院无法查清受害人实际损失和侵权人盈利数额时,人民法院按照法律规定的赔偿数额来确实。比如我国《商标法》第63条规定,侵犯商标专用权的赔偿数额,按照权利人因被侵权所受到的实际损失确定;实际损失难以确定的,可以按照侵权人因侵权所获得的利益确定;权利人的损失或者侵权人获得的利益难以确定的,参照该商标许可使用费的倍数合理确定。对恶意侵犯商标专用权,情节严重的,可以在按照上述方法确定数额的1倍以上3倍以下确定赔偿数额。赔偿数额应当包括权利人为制止侵权行为所支付的合理开支。

人民法院为确定赔偿数额,在权利人已经尽力举证,而与侵权行为相关的账簿、资料主要由侵权人掌握的情况下,可以责令侵权人提供与侵权行为相关的账簿、资料;侵权人不提供或者提供虚假的账簿、资料的,人民法院可以参考权利人的主张和提供的证据判定赔偿数额。

权利人因被侵权所受到的实际损失、侵权人因侵权所获得的利益、注册商标许可使用费难以确定的,由人民法院根据侵权行为的情节判决给予300万元以下的赔偿。

【典型案例】

某卤制品厂诉柏某侵权纠纷案①

原告某卤制品厂诉称,被告柏某在其生产的"茅山老鹅""茅山草鸡"包装盒与包装袋上,使用原告的"茅山"文字商标,给原告造成巨大经济损失。请求判令被告:(1)停止侵权,销毁含有"茅山"字样的侵权包装物、广告牌;(2)登报赔礼道歉,消除影响;(3)赔偿经济损失20万元;(4)负担本案诉讼费。

①本案摘自《中华人民共和国最高人民法院公报》2005年第8期,入选本书时有改动。

被告辩称，原告虽享有“茅山”注册商标的专用权，但被告从来没有使用过这个商标，谈不上侵权。正像原告在自己的产品上使用“农家”这一商标一样，被告产品上使用的是“天贵”商标，“茅山老鹅”“茅山草鸡”不是商标，只是公用的食品名称。把“茅山老鹅”“茅山草鸡”推向市场，使其成为茅山地区传统特色食品的第一人正是被告。原告认为被告产品包装上印刷的“茅山老鹅”“茅山草鸡”字样侵犯其注册商标专用权，要求被告赔偿经济损失20万元，没有任何事实根据与法律依据，其诉讼请求应当驳回。

法院审理认为：被告柏某经营的饭店，位于句容市茅山风景区内。自1995年开始，柏某的丈夫王某就腌制咸鹅、咸鸡，将此作为饭店菜肴并对外销售。由于该饭店的咸鹅、咸鸡口味好，王某及其腌制的老（草）鹅、草鸡有了一定声誉，逐渐成为远近闻名的具有地方特色的腌制食品。至2001年，柏某开始以印有“茅山老（草）鹅”“茅山草鸡”字样的包装袋出售鹅、鸡腌制品。2001年5月26日，《句容日报》以王某“小手艺打开大市场”为题，报道了该饭店制作、销售“茅山老（草）鹅”的有关情况。

原告某卤制品厂是2001年8月成立的私营独资企业，主要从事禽畜产品的加工、腌制，真空包装系列销售，家禽批发、零售等业务。2002年11月28日，国家商标局核准该厂申请注册的“茅山”文字商标，核定使用于第29类商品，即板鸭等。此后不久，该厂发现被告柏某经营的鹅、鸡腌制品，其外售包装上印有“茅山老（草）鹅”“茅山草鸡”字样，即以柏某侵犯“茅山”注册商标专用权为由，提起侵权之诉。审理期间，柏某已主动停止使用印有“茅山老（草）鹅”和“茅山草鸡”字样的包装。

原告合法取得的“茅山”注册商标专用权，应该依法予以保护。被告柏某在同类商品上突出使用“茅山”字样，构成对该卤制品厂注册商标专用权的侵害，故对该厂关于柏某停止侵权的诉讼请求，予以支持。早在该厂申请注册商标之前，柏某就使用“茅山老（草）鹅”“茅山草鸡”包装袋，某卤制品厂申请注册商标后的短时间内，柏某主动停止了使用该包装物，客观上不太可能给卤制品厂造成经济方面的损失，因此对该厂关于柏某赔偿经济损失20万元的诉讼请求，不予支持。

据此，镇江市中级人民法院于2003年11月6日判决：

一、自本判决生效之日起，被告柏某不得再使用印有“茅山老（草）鹅”和“茅山草鸡”字样的包装，并于判决生效后10日内向原告某卤制品厂赔礼道歉（到期如拒不履行，法院将在市级以上报刊上刊登本判决书，所需费用由柏某负担）。

二、驳回原告某卤制品厂的其他诉讼请求。

案件受理费5510元，由原告某卤制品厂负担2755元，被告柏某负担2755元。

【以案说法】

商标不止是名称，更是法律权益

《中华人民共和国民法通则》第96条规定："法人、个体工商户、个人合伙依法取得的商标专用权受法律保护。"《中华人民共和国商标法》第56条规定："注册商标的专用权，以核准注册的商标和核定使用的商品为限。"《中华人民共和国商标法实施条例》第49条规定："注册商标中含有的本商品的通用名称、图形、型号，或者直接表示商品的质量、主要原料、功能、用途、重量、数量及其他特点，或者含有地名，注册商标专用权人无权禁止他人正当使用。"原告某卤制品厂将"茅山"注册为在第29类商品中使用的文字商标后，其依法取得的商标专用权受法律保护，他人不得在经营与板鸭等相同或者类似商品时使用该注册商标。但由于"茅山"是句容市一个风景区的地名，地名属于公有领域中的词汇，具有公共性特点，他人在表述自己商品的产地或者风味特色时，难免要涉及地名。如果允许注册商标专用权人绝对垄断地使用注册商标中的地名，必然会违反社会公共利益，妨碍正当的市场竞争。因此，法律规定对注册商标中含有的地名，注册商标专用权人无权禁止他人合理、正当使用。本案的关键在于，判断被告柏某在销售腌制鹅、腌制鸡的商品包装上打印"茅山"字样，是否为正当使用？

第一，"茅山"二字是因地知名，不是因其作为商标而知名。第二，被告柏某经营的饭店位于茅山地区，该店腌制的咸鹅、咸鸡，均来源于当地农家自养的草鹅、草鸡。柏某在自己的商品名称前冠注"茅山"二字，不是将其作为区别其他同类商品的商业标识使用，而是要标明自己商品的产地。第三，在原告申请注册"茅山"商标之前，被告柏某就已在自己的商品上使用"茅山"字样，以此表明自己商品与"茅山"这一地方之间的客观联系。某卤制品厂申请注册"茅山"商标获准后，柏某只是在自己商品的包装上延续使用"茅山"二字。第四，在茅山地区，腌制与出售鹅、鸡食品的商家众多，人们有腌制和品尝此类食品的习惯，当地消费者在选择此类食品时，往往会结合生产者及商品上的其他相关标识加以判断，不会因柏某的商品上有"茅山"二字，就将该商品与某卤制品厂的商品混淆。考虑到这些因素，应当认定柏某在其生产、销售的商品包装上使用"茅山"二字，不存在侵犯他人注册商标专用权的主观恶意，不会误导公众，是对注册商标中含有地名的善意使用，因而是正当使用，不构成对某卤制品厂注册商标专用权的侵犯。由于柏某的行为不构成侵权，故无须再考虑原判确定的赔偿数额是否适当的问题。

综上所述，被告柏某关于其正当使用"茅山"字样的行为应属合法行为。一审认定事实清楚，但认定柏某侵犯了某卤制品厂的注册商标专用权，是适用法律错误，应当改判。

【法条链接】

中华人民共和国物权法

第三十五条 妨害物权或者可能妨害物权的，权利人可以请求排除妨害或者消除危险。

第三十六条 造成不动产或者动产毁损的，权利人可以请求修理、重作、更换或者恢复原状。

第三十七条 侵害物权，造成权利人损害的，权利人可以请求损害赔偿，也可以请求承担其他民事责任。

第三十八条 本章规定的物权保护方式，可以单独适用，也可以根据权利被侵害的情形合并适用。

侵害物权，除承担民事责任外，违反行政管理规定的，依法承担行政责任；构成犯罪的，依法追究刑事责任。

第五十六条 国家所有的财产受法律保护，禁止任何单位和个人侵占、哄抢、私分、截留、破坏。

第五十八条 集体所有的不动产和动产包括：

(一)法律规定属于集体所有的土地和森林、山岭、草原、荒地、滩涂；

(二)集体所有的建筑物、生产设施、农田水利设施；

(三)集体所有的教育、科学、文化、卫生、体育等设施；

(四)集体所有的其他不动产和动产。

第六十三条 集体所有的财产受法律保护，禁止任何单位和个人侵占、哄抢、私分、破坏。

集体经济组织、村民委员会或者其负责人做出的决定侵害集体成员合法权益的,受侵害的集体成员可以请求人民法院予以撤销。

第六十四条 私人对其合法的收入、房屋、生活用品、生产工具、原材料等不动产和动产享有所有权。

第六十五条 私人合法的储蓄、投资及其收益受法律保护。

国家依照法律规定保护私人的继承权及其他合法权益。

第六十六条 私人的合法财产受法律保护,禁止任何单位和个人侵占、哄抢、破坏。

第八十七条 不动产权利人对相邻权利人因通行等必须利用其土地的,应当提供必要的便利。

第八十八条 不动产权利人因建造、修缮建筑物以及铺设电线、电缆、水管、暖气和燃气管线等必须利用相邻土地、建筑物的,该土地、建筑物的权利人应当提供必要的便利。

第八十九条 建造建筑物,不得违反国家有关工程建设标准,妨碍相邻建筑物的通风、采光和日照。

第九十条 不动产权利人不得违反国家规定弃置固体废物,排放大气污染物、水污染物、噪声、光、电磁波辐射等有害物质。

第九十一条 不动产权利人挖掘土地、建造建筑物、铺设管线以及安装设备等,不得危及相邻不动产的安全。

第九十二条 不动产权利人因用水、排水、通行、铺设管线等利用相邻不动产的,应当尽量避免对相邻的不动产权利人造成损害;造成损害的,应当给予赔偿。

中华人民共和国民法通则

第一一七条 侵占国家的、集体的财产或者他人财产的,应当返还财产,不能返还财产的,应当折价赔偿。

损坏国家的、集体的财产或者他人财产的,应当恢复原状或者折价赔偿。

受害人因此遭受其他重大损失的,侵害人并应当赔偿损失。

第一三四条 承担民事责任的方式主要有:

(一)停止侵害;

(二)排除妨碍;

(三)消除危险;

(四)返还财产;

(五)恢复原状;

(六)修理、重作、更换;

(七)赔偿损失;

(八)支付违约金;

(九)消除影响、恢复名誉;

(十)赔礼道歉。

以上承担民事责任的方式,可以单独适用,也可以合并适用。

人民法院审理民事案件,除适用上述规定外,还可以予以训诫、责令具结悔过、收缴进行非法活动的财物和非法所得,并可以依照法律规定处以罚款、拘留。

最高人民法院《关于贯彻执行〈中华人民共和国民法通则〉若干问题的意见(试行)》

94.拾得物灭失、毁损,拾得人没有故意的,不承担民事责任。拾得人将拾得物据为己有,拒不返还而引起诉讼的,按照侵权之诉处理。

136.作者死亡后,著作权(版权)中由继承人继承的财产权利在法律规定的保护期限内受到侵犯,继承人依法要求保护的,人民法院应当予以支持。

153.消费者、用户因为使用质量不合格的产品造成本人或者第三人人身伤害、财产损失的,受害人可以向产品制造者或者销售者要求赔偿。因此提起的诉讼,由被告所在地或侵权行为地人民法院管辖。

运输者和仓储者对产品质量负有责任,制造者或者销售者请求赔偿损失的,可以另案处理,也可以将运输者和仓储者列为第三人,一并处理。

154.从事高度危险作业,没有按有关规定采取必要的安全防护措施,严重威胁他人人身、财产安全的,人民法院应当根据他人的要求,责令作业人消除危险。

162.在诉讼中遇有需要停止侵害、排除妨碍、消除危险的情况时,人民法院可以根据当事人的申请或者依职权先行做出裁定。

当事人在诉讼中用赔礼道歉方式承担了民事责任的,应当在判决中叙明。

中华人民共和国专利法

第六十一条 专利侵权纠纷涉及新产品制造方法的发明专利的,制造同样产品的单位或者个人应当提供其产品制造方法不同于专利方法的证明。

专利侵权纠纷涉及实用新型专利或者外观设计专利的，人民法院或者管理专利工作的部门可以要求专利权人或者利害关系人出具由国务院专利行政部门对相关实用新型或者外观设计进行检索、分析和评价后做出的专利权评价报告，作为审理、处理专利侵权纠纷的证据。

第六十二条 在专利侵权纠纷中，被控侵权人有证据证明其实施的技术或者设计属于现有技术或者现有设计的，不构成侵犯专利权。

中华人民共和国商标法

第六十三条 侵犯商标专用权的赔偿数额，按照权利人因被侵权所受到的实际损失确定；实际损失难以确定的，可以按照侵权人因侵权所获得的利益确定；权利人的损失或者侵权人获得的利益难以确定的，参照该商标许可使用费的倍数合理确定。对恶意侵犯商标专用权，情节严重的，可以在按照上述方法确定数额的一倍以上三倍以下确定赔偿数额。赔偿数额应当包括权利人为制止侵权行为所支付的合理开支。

人民法院为确定赔偿数额，在权利人已经尽力举证，而与侵权行为相关的账簿、资料主要由侵权人掌握的情况下，可以责令侵权人提供与侵权行为相关的账簿、资料；侵权人不提供或者提供虚假的账簿、资料的，人民法院可以参考权利人的主张和提供的证据判定赔偿数额。

权利人因被侵权所受到的实际损失、侵权人因侵权所获得的利益、注册商标许可使用费难以确定的，由人民法院根据侵权行为的情节判决给予三百万元以下的赔偿。

中华人民共和国著作权法

第四十八条 有下列侵权行为的，应当根据情况，承担停止侵害、消除影响、赔礼道歉、赔偿损失等民事责任；同时损害公共利益的，可以由著作权行政管理部门责令停止侵权行为，没收违法所得，没收、销毁侵权复制品，并可处以罚款；情节严重的，著作权行政管理部门还可以没收主要用于制作侵权复制品的材料、工具、设备等；构成犯罪的，依法追究刑事责任：

（一）未经著作权人许可，复制、发行、表演、放映、广播、汇编、通过信息网络向公众传播其作品的，本法另有规定的除外；

（二）出版他人享有专有出版权的图书的；

（三）未经表演者许可，复制、发行录有其表演的录音录像制品，或者通过信息网络向公众传播其表演的，本法另有规定的除外；

（四）未经录音录像制作者许可，复制、发行、通过信息网络向公众传播其制作的录音录像制品的，本法另有规定的除外；

（五）未经许可，播放或者复制广播、电视的，本法另有规定的除外；

（六）未经著作权人或者与著作权有关的权利人许可，故意避开或者破坏权利人为其作品、录音录像制品等采取的保护著作权或者与著作权有关的权利的技术措施的，法律、行政法规另有规定的除外；

（七）未经著作权人或者与著作权有关的权利人许可，故意删除或者改变作品、录音录像制品等的权利管理电子信息的，法律、行政法规另有规定的除外；

（八）制作、出售假冒他人署名的作品的。

最高人民法院《关于审理著作权民事纠纷案件适用法律若干问题的解释》

第二十条　出版物侵犯他人著作权的，出版者应当根据其过错、侵权程度及损害后果等承担民事赔偿责任。

出版者对其出版行为的授权、稿件来源和署名、所编辑出版物的内容等未尽到合理注意义务的，依据著作权法第四十八条的规定，承担赔偿责任。

出版者尽了合理注意义务，著作权人也无证据证明出版者应当知道其出版涉及侵权的，依据民法通则第一百一十七条第一款的规定，出版者承担停止侵权、返还其侵权所得利润的民事责任。

出版者所尽合理注意义务情况，由出版者承担举证责任。

第二十四条　权利人的实际损失，可以根据权利人因侵权所造成复制品发行减少量或者侵权复制品销售量与权利人发行该复制品单位利润乘积计算。发行减少量难以确定的，按照侵权复制品市场销售量确定。

第二十五条　权利人的实际损失或者侵权人的违法所得无法确定的，人民法院根据当事人的请求或者依职权适用著作权法第四十八条第二款的规定确定赔偿数额。

人民法院在确定赔偿数额时，应当考虑作品类型、合理使用费、侵权行为性质、后果等情节综合确定。

当事人按照本条第一款的规定就赔偿数额达成协议的，应当准许。

第二十六条　著作权法第四十八条第一款规定的制止侵权行为所支付的合理开支，包括权利人或者委托代理人对侵权行为进行调查、取证的合理费用。

人民法院根据当事人的诉讼请求和具体案情,可以将符合国家有关部门规定的律师费用计算在赔偿范围内。

中华人民共和国侵权责任法

第十九条　侵害他人财产的,财产损失按照损失发生时的市场价格或者其他方式计算。

【扩展阅读】

手机"被吸费"　电讯公司不能置身事外[①]

经朋友介绍,肖某与张某相识并很快进入热恋之中。一天下班后,二人一起去饭店吃饭时,张某得知肖某的手机欠费。张某当即买充值卡帮肖某充了200元话费,肖某很是感动。第二天早晨,肖某的手机突然响了一下便挂断了,她拿起手机一看,是个"15"打头的陌生号码。会不会是男朋友打来的?想到这儿,肖某立即按此号码回拨了过去。没一会儿,里面突然传来一个男人不太流利的普通话:"××手机用户号码摇奖,您已获1000元,领奖请联系……"没等对方说完,肖某就挂了电话。

当天下午二人见面后,肖某说起此事,二人相视一笑,谁都没在意。可到了傍晚,肖某接到的手机短信显示:"尊敬的××客户,您的话费即将用完,请及时充值。"二人不禁愕然,昨天刚充的200元话费,怎么可能欠费呢?二人当即到电讯运营公司的一个服务网点说明情况,可得到的回答是:"这是拨电话人的个人行为,和我们公司无关,我们也查不到吸费方机主的信息。再说,我们不是执法部门,没有执法权,对于这种吸费行为,我们只能记录,届时作为证据提供给公安部门。"

对于肖某这样的被吸费诈骗造成的损失应该由谁来承担呢?根据法律规定,电讯运营公司依法应当承担损失赔偿责任。

首先,用户购买电讯运营公司的手机卡时,双方都签有协议书。协议书都注明用户购买的卡是何种类型收费方式,依据合同约定,电讯运营公司应按约定的收费方式提供服务,用户接受服务并以预付款的方式支付约定的通话费。双方之间的服务方式与收费多少都是非常明确与固定的(如拨打市内电话,每分钟收费0.20元,国内长话0.40元等)。那么,当肖某回拨"15"打头的陌

---

①杨学友:《手机"被吸费",电讯公司不能置身事外》,载《检察日报》,2011年4月16日。

生号码时,如果该号码是外地用户,电讯运营公司只能按国内长途标准收取费用,如果该号码是港澳地区用户,也同样只能按该地区的收费标准收费。多收的费用(190余元)应视为电讯运营公司的违约行为,依据《消费者权益保护法》第40条第(七)项规定(已修改为第48条),经营者提供服务的内容和费用违反约定的,应承担民事责任。该法第11条规定,消费者因接受服务受到财产损害的,享有依法获得赔偿的权利。电讯运营公司对"吸费"应当如数退回。

其次,电讯运营公司有可能会以"用户被吸费并非是公司所收取","公司并没有获得这笔费用","吸费者的吸费行为属于欺诈或是不当得利性质"等理由,让用户找吸费者返还。此说法的法律根据不足。因为,电讯运营公司是以预收款方式提供服务的,用户将预收款提前交给了电讯运营公司,其预收款的安全当然应由电讯运营公司负责。用户的预付款出现丢失、损失时,依据《消费者权益保护法》第47条(已修改为第53条)规定,经营者以预收款方式提供服务的,应当按照约定提供。未按照约定提供的,应当按照消费者的要求履行约定或者退回预付款。

此外,用户"被吸费"、合法财产(预付款)受到损失,是因为电讯运营公司提供的服务存在严重的安全瑕疵,存在危及用户财产安全所致。而且,对这种存在安全危险的"被吸费",电讯运营公司有警示、说明、告知并采取防范措施的合同义务,有保护手机用户在接受服务过程中不受第三人非法侵害的法定义务。依据《消费者权益保护法》第18条的规定,经营者应当保证其提供的服务符合保障财产安全的要求。对可能危及财产安全的服务,应当向消费者做出真实的说明和明确的警示。经营者发现其提供的服务存在严重缺陷,即使正确接受服务仍然可能对财产安全造成危害的,应当立即向有关行政部门报告并告知消费者,同时采取防止危害发生的措施。由此可见,电讯运营公司如果未尽到合理限度内的安全防范义务或服务存在瑕疵,都将产生法律责任并承担损害赔偿责任。

最后,关于承担损害赔偿责任的方式,依据《消费者权益保护法》第44条(已修改为第52条)、第47条(已修改为第53条)规定,经营者提供服务,造成消费者财产损害的,应当按照消费者的要求退还服务费用或者以赔偿损失等方式承担民事责任。如果有证据证明,该电讯运营公司参与了吸费者欺诈行为的利润分成,那么还应依据《消费者权益保护法》第49条(已修改为第55条)规定,即经营者提供服务有欺诈行为的,应当按照消费者的要求增加赔偿其受到的损失,增加赔偿的金额为消费者接受服务的费用的一倍。当然,这种情形下,用户对被吸费的证据要保存完好,才能有效举证。

第十单元　我的灵魂同样值钱

——精神损害赔偿的范围和标准

【精讲精析】

精神损害是指受害人因加害人的行为而遭受的精神痛苦和精神利益的损害。只有自然人才有精神痛苦。自然人的精神痛苦有两个来源:第一,侵害了自然人的生理活动。当侵权行为侵害了身体权、健康权、生命权时,可使自然人产生精神痛苦。第二,侵害了自然人的心理活动。当侵权行为侵害自然人的情绪、思维、意识等时,导致人的上述精神活动障碍,产生愤怒、恐惧、焦虑、沮丧等不良情绪。精神利益的损害是指受害人因维护人格利益、身份利益的活动受到破坏,因而导致其人格利益、身份利益受到损害,包括受害人心理上的悲伤、怨恨、忧虑、气愤、失望等痛苦的折磨。

一、精神损害赔偿法律关系

所谓精神损害赔偿法律关系,是指民事主体因其合法权益受到不法侵害,使其遭受精神痛苦等无形损害所形成的精神损害赔偿权利义务关系。与其他一切法律关系一样,精神损害赔偿法律关系包括以下三个要素:第一,主体。精神损害赔偿法律关系的主体,就是精神损害赔偿的权利和义务的承受人,即赔偿权利人与赔偿义务人。第二,内容。精神损害赔偿法律关系的内容,就是权利人请求义务人赔偿精神损害的权利,以及义务人承担权利人精神损害的义务。第三,客体。法律关系的客体就是权利义务共同指向的对象,即加害人对其侵权行为所造成的损害给予赔偿。

二、精神损害赔偿法律关系的主体

精神损害赔偿法律关系的主体,就是精神损害赔偿法律关系中的赔偿权

利人与赔偿义务人。

（一）赔偿权利人

赔偿权利人是指因侵权行为或者其他致害原因直接遭受精神损害的受害人。根据最高人民法院《关于确定民事侵权精神损害赔偿责任若干问题的解释》（以下简称《精神损害赔偿司法解释》）的规定，赔偿权利人包括：(1)因人格权利或其他人格权益受到损害的受害人；(2)因侵权人使被监护人脱离监护，导致亲子关系或者近亲属间的亲属关系遭受严重损害的亲权人或由近亲属担任的监护人；(3)因侵权行为而永久性灭失或者毁损的，具有人格象征意义的特定纪念物品的所有人。

该解释第7条规定，自然人死亡以后，因此遭受精神痛苦的近亲属可以作为赔偿权利人请求赔偿精神损害，近亲属包括配偶、父母、子女、兄弟姐妹、祖父母、外祖父母、孙子女、外孙子女。其中，死者的配偶、父母和子女为第一顺位赔偿权利人，其他近亲属为第二顺位赔偿权利人。若第一顺位赔偿权利人不提起精神损害赔偿，第二顺位赔偿权利人是否可以提起精神损害赔偿呢？根据最高院的上述解释，这种情况下第二顺位近亲属无权提起精神损害赔偿。比如死者的父亲、配偶都在世，但都没有提起精神损害赔偿，但死者的弟弟请求精神损害赔偿，在法院未通知其父、其妻参加诉讼的情况下，如果对死者弟弟的诉讼请求予以支持，那么其判决就不正确。尽管原则上近亲属都可以提起精神损害赔偿，但死者的配偶、父母和子女不提起精神损害赔偿，第二顺位近亲属不得提起，即便是第一顺位近亲属明确放弃精神损害赔偿，第二顺位近亲属也不得提起精神损害赔偿，第二顺位近亲属提起精神损害赔偿的前提是第一顺位近亲属已不存在。

（二）赔偿义务人

所谓赔偿义务人，是指因自己或者他人的侵权行为以及其他致害原因，依法应当承担民事责任的自然人、法人或者其他组织。此处的“其他组织”应当理解为“合法成立，有一定的组织机构和财产，但又不具备法人资格的组织”。具体包括：(1)依法登记领取营业执照的私营独资企业、合伙组织；(2)依法登记领取营业执照的合伙型联营企业；(3)依法登记领取我国营业执照的中外合作经营企业、外资企业；(4)经民政部门核准登记领取社会团体登记证的社会团体；(5)法人依法设立并领取营业执照的分支机构；(6)中国人民银行、各专业银行设在各地的分支机构；(7)中国人民保险公司设在各地的分支机构；(8)经核准登记领取营业执照的乡镇、街道、村办企业。

三、侵害人格权的精神损害赔偿

《精神损害赔偿司法解释》第1条规定,自然人因人格权利遭受非法侵害,向人民法院起诉请求精神损害赔偿的,人民法院应当依法予以受理。人格利益是指民事主体依法所固有的,为维护自身独立人格所必备的,以人格利益为客体的权利。人格权分为一般人格权和具体人格权,一般人格权是指公民和法人享有的,包括人格独立、人格自由、人格尊严全部内容的一般人格利益,并由此产生和规定具体人格权的基本权利。一般人格权是具体人格权的母权利,它决定和派生各种具体人格权。就具体人格权而言,其范围包括生命权、健康权、身体权、姓名权、肖像权、名誉权、荣誉权、隐私权等。

(一)生命权、健康权、身体权

生命权、健康权和身体权是物质性人格权,是精神性人格权存在和发展的基础。生命权是维护生存和生命延续的权利,神圣不可侵犯。该权利由自然人专享,不问年龄、性别、种族、职业等,自然人的生命均受法律保护。健康权是支配和维护身体器官、功能完善性发挥的权利。身体权是维护身体组织、器官、肢体完整性的具体人格权。

健康权不同于生命权,生命权一经侵害永久丧失,无法恢复。身体权不同于健康权,健康权侧重于维护生理机能的完善,身体权则侧重于维护肉体组织的完整。因此,生命权、健康权和身体权是三种独立的人格权。对于身体权,《民法通则》并未做出明确规定,只在“人身权”一节规定了生命健康权,《精神损害赔偿司法解释》首次明确了身体权是独立的人格权。侵害身体权就是侵害身体的完整性,包括侵害实质的完整性和形式的完整性。

(二)姓名权、肖像权、名誉权、荣誉权、隐私权

姓名权、肖像权、名誉权、荣誉权、隐私权是精神性人格权,精神性人格权以物质性人格权的存在和发展为基础。

1.姓名权

我国《民法通则》第99条规定:“公民享有姓名权,有权决定、使用和依照规定改变自己的姓名,禁止他人干涉、盗用、假冒。”因此,公民的姓名权是公民依法享有的决定、改变和使用自己姓名的一项具体人格权。姓名权主要有三项内容:第一,姓名决定权。在我国,绝大多数情况下,姓名决定权由父母代为行使。在姓的选择下,子女既可以随父姓,也可以随母姓;在名的选择上,既可以取单名,也可以取多个文字为名。第二,姓名使用权。姓名使用权是指自然人

对自己姓名所享有的专用权,该专用权并不排斥他人使用同一姓名,如果数人合法取得同一姓名,每个人对该姓名的使用均属合法。第三,姓名变更权。姓名变更权是指自然人按照法律规定变更自己姓名的权利。在我国,公民改变自己的姓名,需要到户籍管理机构办理变更手续。

侵害姓名权,需要具备下列条件:第一,行为人实施了侵权行为。根据我国《民法通则》第99条规定,凡是非法干涉、盗用、假冒他人姓名的,不管是否造成了他人财产损失,均构成他人姓名权的侵害。盗用他人姓名不同于假冒他人姓名。盗用他人姓名是指未经本人同意,擅自以该人的名义进行民事活动或者从事不利于姓名权人、社会公共利益的行为。冒用他人姓名就是冒名顶替,亦即行为人完全以姓名人的身份从事活动。如某人为取得他人信任、骗取他人财物,以某一著名人士的身份进行活动,此即为冒用他人姓名。第二,有损害事实。第三,行为与损害事实之间具有因果关系。第四,行为人主观上为故意,过失不构成侵害姓名权。

2.肖像权

我国《民法通则》第100条规定,公民享有肖像权。所谓肖像,是指通过绘画、照相、雕塑、录像、电影等造型艺术方式所反映的自然人的面部形象。肖像权就是自然人以在自己的肖像上所体现的利益为内容的具体人格权,表现为公民对于自己肖像的专有。

肖像权有两项内容:第一,独占权。该权利是指公民对于自己的肖像是否允许他人通过艺术再现的权利。第二,专用权。该权利是指公民对自己的肖像决定是否使用和如何使用的权利。根据我国《民法通则》第100条的规定,未经本人同意,不得以营利为目的使用公民的肖像,“未经本人同意”和“以营利为目的”就是构成侵害公民肖像权的条件,上述两个条件应当同时具备。

尽管未经本人同意,但不以营利为目的使用他人的肖像,不构成侵害肖像权。常见的侵犯公民肖像权的行为,主要是未经本人同意,以营利为目的使用他人肖像做商业广告、商品装潢、书刊封面及印刷挂历等。

3.名誉权

我国《民法通则》第101条规定,公民、法人享有名誉权。名誉权是指公民和法人对其应有的社会评价所享有的不受他人侵害的权利。名誉权主要有三项内容:第一,保护自己的社会良好评价的权利;第二,改善、改变不好评价的权利;第三,维护名誉权不受侵害的权利。根据我国《民法通则》第101条的规定,用侮辱、诽谤等方式损害公民、法人的名誉,就构成侵害名誉权。因此,诽谤和侮辱就是侵害名誉的两种主要方式。侮辱是指使用暴力或者其他方法,公然贬低、损害他人人格,破坏他人名誉的行为。侮辱方式可以分为暴力行为侮辱、言语侮辱和文字侮辱,无论哪种方式,都必须公然地针对特定的对象进行。诽谤是指故意捏造并散布虚构的事实,足以贬损他人人格,破坏他人名誉的行为。侮辱与诽谤不同,侮辱不捏造事实,诽谤则是捏造事实;侮辱有暴力可能,诽谤不使用暴力;侮辱一般当面进行,诽谤则往往在公众场合进行或者向第三者散布。

根据最高人民法院《关于审理名誉权案件若干问题的解释》的规定,新闻报道的严重失实或评论严重不当也可能侵害他人名誉权;主动提供新闻材料,致使他人名誉受到损害的,应当认定为侵害他人名誉权;因被动采访而提供新闻材料,且未经提供者同意而公开,新闻单位擅自发表,致使他人名誉受到损害的,对提供者一般不应当认定为侵害名誉权;虽系被动提供新闻材料,但发表时得到提供者同意或者默许,致使他人名誉受到损害的,应当认定为侵害名誉权;新闻单位对生产者、经营者、销售者的产品质量或者服务质量进行批评、评论,内容基本属实,没有侮辱内容的,不应当认定为侵害其名誉权;主要内容失实,损害其名誉的,应当认定为侵害名誉权。

4.荣誉权

《民法通则》第102条规定,公民、法人享有荣誉权,禁止非法剥夺公民、法人的荣誉称号。荣誉是因特定主体的突出贡献或特殊劳动成果而由政府、社会组织授予的一种赞美称号。荣誉权则是民事主体获得、保持、利用荣誉,并享受其利益的独立的人格权。

荣誉权主要有三项内容:第一,荣誉获得权。任何民事主体都有权利通过自己的行为获得荣誉,其他人不得非法妨碍、阻挠其获得荣誉,也不能侵占其应获得的荣誉。民事主体在获得荣誉的同时,可获得因荣誉所生之利益,如奖品、奖金以及被授予荣誉后所带来的其他物质利益。第二,荣誉保持权。荣誉保持权,是指民事主体对于已被授予的荣誉保持归自己享有,并不被非法取消或剥夺的权利。荣誉保持权意味着荣誉一经授予,即归荣誉权人享有,非经法定程序不得取消或剥夺。第三,荣誉利用权。荣誉作为一种积极的正面评价,荣誉权人可对所获得的荣誉进行利用、支配。

非法剥夺他人荣誉、非法侵占他人荣誉、严重诋毁他人荣誉是最为常见的侵害荣誉权的行为。非法剥夺他人荣誉的行为主体一般为荣誉的授予组织,若没有法定理由或非经法定程序,荣誉授予组织剥夺他人已获得的荣誉,就构成侵害他人荣誉权。非法侵占他人荣誉是指行为人以非法的手段,窃取、强占、冒领他人荣誉的行为。一般情况下,非法侵占他人荣誉的侵权者与荣誉权人有一定的联系或关联。严重诋毁他人荣誉,就是公开发表与他人所获荣誉名不副实的言论,是严重侵害荣誉权的行为。

5.隐私权

隐私本质上是一种与公共利益、社会群体利益无关的,当事人不愿公开的,不愿他人干涉或侵入的个人领域。隐私权就是自然人享有的,支配与公共信息无关的私人信息、私人活动和私人领域的具体人格权。

隐私权包括四项内容:第一,隐私隐瞒权。第二,隐私利用权。这种利用权是指公民对自己个人资讯进行积极利用,以满足自己精神、物质等方面需要的权利,这种利用可以是自己利用,也可以是允许他人利用。第三,隐私维护权。该种维护权是指权利主体对自己的隐私所享有的,维护其权利不可侵犯并在受到非法侵犯时可以寻求司法保护的权利。第四,隐私支配权。权利人对于自己的隐私有权按照自己的意愿进行支配。

侵害隐私权的行为多种多样,例如非法刺探、调查、公开他人个人信息,如姓名、肖像、住址、电话号码、财产状况等;非法干涉、监视私人活动;非法搜查、监视他人住所、安装窃听设备或以其他方式窥探他人私人领域等。

对于隐私权的保护有两种方式:第一种是直接保护方式。侵害了隐私或隐私权,就要承担侵害隐私或隐私权的责任。采取该种方式的国家主要有美国、土耳其、日本、瑞士等。第二种是间接保护方式。该方式不承认隐私(权)为独立的人格权,凡涉及隐私侵害的案件,纳入其他侵权行为的范畴寻求法律保护。采取该种方式的国家主要有英国、法国、澳大利亚等。

我国对于隐私权的保护方式正经历着从间接保护方式向直接保护方式的转变。对于隐私的保护,最高人民法院《关于贯彻执行〈中华人民共和国民法通则〉若干问题的意见(试行)》(以下简称《民法通则意见》)以及《未成年人保护法》等都做了明确规定。《未成年人保护法》第30条规定,任何组织和个人不得披露未成年人的个人隐私。《宪法》虽然没有明确提出保护隐私或隐私权,但第39条“住宅不受侵犯”以及第40条“公民的通信自由和通信秘密受法律保护”可以认为是从基本法的角度对公民的隐私或隐私权做了原则性的保护。但就保护的方式而言,唯一的依据就是《民法通则意见》第140条的规定,即“以书面、口头等形式宣扬他人隐私或者捏造事实公然丑化他人人格,以及用侮辱、诽谤等方式损害他人名誉,造成一定影响的,应当认定为侵害公民的名誉权的行为”。根据该规定,侵害他人隐私,构成侵害名誉权。很显然,《民法通则意见》第140条的规定是一种间接保护的方式。之所以采用间接保护的方式,原因在于隐私在我国还没有成为独立的人格权。

在2005年《中华人民共和国妇女权益保障法》颁布之前,已经有一些部门规章明确提出要保护隐私权,如国家旅游局于2002年4月5日颁布的《中国旅游饭店行业规范》中第16条规定:“饭店应当保护客人的隐私权。”卫生部于2002年4月颁布的《医疗美容服务管理办法》第21条规定,美容相关机构应尊重就医者的隐私权。这些部门规章已经尝试着隐私权的独立,但是这些部门规章的位阶较低。2005年修正的《中华人民共和国妇女权益保障法》第42条对隐私权做了明确规定,妇女的名誉权、荣誉权、隐私权、肖像权等人格权受法律保护。隐私真正地成为了一项人格权。当隐私成为隐私权,就意味着对于隐私权的保护方式要从间接保护方式逐渐向直接保护方式转变,以便更好地保护公民的隐私权。

(三)人身自由权和人格尊严权

1.人身自由权

人身自由权是指在法律规定的范围内,自然人有按照自己的意志进行活动,不受约束、控制和妨碍的权利。人身自由权是权利主体自由参加社会活动,享有权利、行使权利的前提和基础,《宪法》和《消费者权益保护法》都明确规定对该权利予以保护。《宪法》第37条规定:“中华人民共和国公民的人身自由不受侵犯。”《消费者权益保护法》第27条规定:“经营者不得对消费者进行侮辱、诽谤,不得搜查消费者的身体及其携带的物品,不得侵犯消费者的人身自由。”

限制他人人身自由是最常见的侵害人身自由权的行为,具体表现为:非法拘禁他人,非法搜查他人身体,非法强迫他人结婚或者离婚,非法妨碍他人通信自由,非法禁止他人参加集会或游行。

2.人格尊严权

人格尊严权则意味着民事主体作为一个“人”所应有的最起码的社会地位,以及应受到社会和他人最起码的尊重。人格尊严权是一种与权利主体的人格不可分割的权利,《宪法》《民法通则》和《消费者权益保护法》都明确规定人格尊严权受到法律的保护。《宪法》第38条规定:“中华人民共和国公民的人格尊严不受侵犯。禁止用任何方法对公民进行侮辱、诽谤和诬告陷害。”《民法通则》第101条规定,公民的人格尊严受法律保护,禁止用侮辱、诽谤等方式损害公民、法人的名誉。《消费者权益保护法》第14条规定,消费者在购买、使用商品和接受服务时，享有其人格尊严、民族风俗习惯得到尊重的权利，享有个人信息依法得到保护的权利。判断自然人人格尊严权是否受到侵害，不能仅考虑自然人的主观自尊感受，更要从客观角度考虑其在通常社会范围内所享有的作为"人"之最基本权利是否被贬损。歧视是最主要的侵害人格尊严权的行为，具体表现为容貌受到歧视、性别受到歧视等。

四、侵害人格利益的精神损害赔偿

(一)人格权与人格利益

《民法通则》第5条规定，公民、法人合法的民事权益受法律保护，任何组织和个人不得侵犯。根据该规定，法律保护的对象不仅仅限于财产权和人格权等绝对权，其他合法权益也应当受到法律的保护，特别是人格利益，这是现代侵权法的发展趋势。当司法判例对某种人格利益的保护达到一定的程度，使立法者觉得此种权益有上升为权利的必要时，该种人格权益就被法律所确认，逐渐上升为具体的人格权，这一过程的实现需要侵权法律法规保持一种开放的、完整的体系。

民事侵权法律法规既保护人格权又保护人格利益，但对人格权和人格利益的保护具有不同的要求。权利本身具有公示性，行为人在实施某种行为时，应当能够合理预见到自己的行为是否会损害他人的权利，所以即使基于过失造成对他人权利的损害，也仍然要承担责任。但是，合法权益本身没有公示的功能，对行为人来讲缺乏一定的预见性，该不可预见性体现在：第一，不知道何种行为会导致对他人合法权益受到侵害；第二，不知道实施某种行为会导致何种后果，需要承担何种责任。"私人间追究责任须从'期待可能性'着眼，只有对加害于人的结果有预见可能者要求其预防，而对未防免者课以责任，才有意义。"从该角度讲，应当严格限制行为人的主观过错要件，对由于过失造成他人利益的损失不承担责任。因此，以故意作为侵害合法权益的主观过错要件，可以协调好保护他人合法权益和行为人行为自由的关系。根据《精神损害赔偿司法解释》第1条的规定，只有在违反社会公共利益、社会公德的情况下，侵害了他人的人格利益，侵权人才承担精神损害赔偿责任。自然人人格利益遭受非法侵害，也可以向人民法院起诉，请求精神损害赔偿。

(二)对死者人格利益的保护

《民法通则》第9条规定，自然人的民事权利能力始于出生，终于死亡，自然人死亡的，其民事主体资格自然消灭。主体资格消灭是否意味着对死者的人身利益不再予以保护，即死者的人身权是否可以延伸至死亡后的合理期间呢？公民死亡后，其生前所享有的民事权利也随之消失。其生前所享有的权利不再体现为一种权利，而是转化为一种物质利益，由其他主体所继承，而其精神利益仍属于死者自己，不能转让他人。《精神损害赔偿司法解释》对该问题做了明确的回答，该解释第3条规定，死者姓名、肖像、名誉、荣誉、隐私应当予以保护，若他人以侮辱、诽谤、贬损、丑化或者违反社会公共利益、社会公德的其他方式进行侵害，死者的近亲属有权利向人民法院诉请精神损害赔偿。该解释还规定，非法利用、损害遗体、遗骨，或者以违反社会公共利益、社会公德的其他方式侵害遗体、遗骨的，其近亲属也有权利向人民法院诉请精神损害赔偿。因此，在整个民事主体的人格权领域中，死者的姓名、死者的荣誉、死者的名誉、死者的隐私都应当予以保护。

死者名誉的保护，是通过最高院的批复予以确立的。在一般情况下，以侮辱、诽谤、贬损、丑化的方式使用死者的姓名权，往往会侵害死者的名誉权，此时不能认定侵害死者的姓名权。死者肖像的保护与死者名誉的保护相同，都是通过最高院的批复予以肯定的。最高人民法院在《关于周海婴诉绍兴越王珠宝金行侵犯鲁迅肖像权一案应否受理的答复意见》中指出，公民死亡后，其肖像应依法被保护。任何污损、丑化或擅自以营利为目的使用死者肖像构成侵权的，死者近亲属有权向人民法院提起诉讼。使用死者的肖像，必须经死者的近亲属的同意，且使用人必须在约定的范围内使用，超出该范围，则为侵权。

五、侵害身份权的精神损害赔偿

身份权是指民事主体以特定身份利益为客体而享有的维护一定社会关系的权利，尽管称之为权利，但身份权的本质则以义务为中心。身份权包括配偶权、亲权和亲属权。配偶权是男女之间基于合法婚姻关系产生的，以配偶利益为客体的基本身份权。亲权是产生于未成年子女和父母之间的，以亲子利益为客体的基本身份权。亲属权是指产生于除配偶、未成年子女与父母以外的其他近亲属之间的，以亲属利益为客体的基本身份权。

（一）对配偶权的侵害

配偶即具有合法婚姻关系的夫妻相互间的一种称谓和地位，在婚姻关系存续期间，妻为夫的配偶，夫为妻的配偶。配偶权就是基于夫妻关系产生的基本身份权，任何人都不得侵害，包括夫妻姓氏权、住所决定权、同居义务、忠实义务、日常事务代理权等。侵害配偶权产生精神损害，是否能够请求赔偿？根据《婚姻法》的规定,夫妻间具有忠实的义务,该忠实义务基于配偶权而产生,表现为配偶的专一性生活义务,配偶不得与他人同居,不得重婚,甚至不得为了第三人的利益牺牲、损害配偶的利益,否则即构成侵害配偶权。《婚姻法》第46条的规定,因重婚、有配偶者与他人同居导致离婚的,无过错方有权请求损害赔偿。最高人民法院《关于适用〈婚姻法〉若干问题的解释(一)》(以下简称《婚姻法解释(一)》)第28条规定,《婚姻法》第46条规定的"损害赔偿"包括物质损害赔偿和精神损害赔偿。因此,重婚、有配偶者与他人同居的,违反了忠实义务,侵害了配偶权,无过错方能够提起精神损害赔偿。

根据《婚姻法》第46条、《婚姻法解释(一)》第28条及第30条的规定,只有符合下列条件,无过错配偶方才能够请求精神损害赔偿:第一,因侵害配偶权而提起的精神损害赔偿以离婚诉讼为前提,并以当事人的离婚请求得到法院的支持为实现条件;第二,无过错方作为原告向人民法院提起精神损害赔偿请求的,必须在离婚诉讼的同时提出;无过错方作为被告时,如果被告不同意离婚也不基于该条规定提起损害赔偿请求的,可以在离婚1年内就此单独提起诉讼;无过错方作为被告,一审时未提出精神损害赔偿的,二审期间提出的,人民法院应当进行调解,调解不成的,告知当事人在离婚1年内另行起诉。

(二)对亲权和监护权的侵害

《民法通则》第16条规定,未成年人的父母是未成年人的监护人。根据该规定,我国现行立法未将亲权与监护权进行区分。但是理论上亲权与监护权是有严格区别的:第一,二者产生的基础不同。亲权基于血缘关系产生,监护的产生并不完全以血缘关系为基础。只有不能得到亲权人照护的未成年人,才需适用监护制度。第二,二者的权利行使受限程度不同。亲权人行使亲权较少才受到法律的限制,而监护人行使监护权受到法律的诸多限制。第三,亲权人不得基于亲权的行使索取报酬,但监护人可以基于监护取得报酬。笔者将对亲权和监护权分开探讨。

1.对亲权的侵害

亲权是产生于未成年子女与父母之间的,以亲子利益为客体的基本身份权,表现为父母对未成年子女在人身和财产方面的管教和保护。亲权的内容包括身体照护权和财产照护权,前者表现为住所指定权、管教权、子女交还请求权等,后者表现为财产行为代理权、管理权、使用收益权等。

要认定是否构成侵害亲权,必须具备一定的条件:第一,具有侵害亲权的违法行为,该行为违反了国家关于保护亲权的法律规定。第二,具有侵害亲权的损害事实。

亲权受到损害表现为两种形式:一是狭义的亲权损害,表现为亲权人行使亲权受到阻碍;二是广义的亲权损害;三是行为与损害间具有因果关系;四是侵权人具有侵害亲权的主观过错。侵害亲权的民事责任构成,以侵权人主观上有过错为必要,故意、过失均可构成侵权。

侵害亲权产生精神损害,亲权人是否可以请求精神损害赔偿?《精神损害赔偿司法解释》第2条规定,非法使被监护人脱离监护,导致亲子关系遭受严重损害,监护人向人民法院起诉请求赔偿精神损害的,人民法院应当依法予以受理。根据该解释,只有非法使被监护人脱离监护,严重损害亲子关系导致精神损害的,亲权人才能够提起精神损害赔偿。"非法使被监护人脱离监护"的侵权行为表现为:第一,采取强迫、引诱或其他非法手段使未成年子女脱离家庭。例如孙子由离婚后的儿媳抚养,祖父母却强行留置孙子,祖父母的行为侵害了儿媳的亲权。第二,无正当理由拒绝探视权人探视。《婚姻法》第38条规定,离婚后,不直接抚养子女的父或母有探望子女的权利,另一方有协助的义务。根据该法,探视权是离婚夫妻对不是由自己亲自抚养的未成年子女享有的权利。对未成年子女行使亲权的亲权人无正当理由不准探视权人探望未成年子女的,构成侵权。第三,非法剥夺亲权的行为。非法剥夺亲权行为是最严重的侵害亲权行为,能够给亲权人造成严重的精神损害,如由于医院过错而错抱小孩等。当存在上述行为给亲权人造成精神损害的,亲权人可以请求精神损害赔偿。

2.对监护权的侵害

监护是指依照法律规定,对不在亲权照护之下的未成年人、无民事行为能力或限制民事行为能力人的人身、财产及其他合法权益进行监督和保护的法律制度。监护权就是基于监护关系产生的监护人对被监护人的人身、财产和其他权益进行监督和保护的权利。根据《民法通则》的相关规定,被监护人为无民事行为能力人和限制民事行为能力人,包括未成年人和精神病人。

监护人的范围比较广泛,根据《民法通则》第16条的规定,未成年人的父母已经死亡或者没有监护能力的,由下列人员中有监护能力的人担任监护人:(1)祖父母、外祖父母;(2)兄、姐;(3)关系密切的其他亲属、朋友愿意承担监护责任,经未成年人的父、母的所在单位或者未成年人住所地的居民委员会、村民委员会同意的。若没有上述监护人的,由未成年人的父、母的所在单位或者未成年人住所地的居民委员会、村民委员会或者民政部门担任监护人。根据

《民法通则》第17条的规定，无民事行为能力或者限制行为能力的精神病人，由下列人员担任监护人：(1)配偶；(2)父母；(3)成年子女；(4)其他近亲属；(5)关系密切的其他亲属、朋友愿意承担监护责任，经精神病人的所在单位或者住所地的居民委员会、村民委员会同意的。若没有上述监护人的，由精神病人的所在单位或者住所地的居民委员会、村民委员会或者民政部门担任监护人。

当监护权被侵害时，监护权人可以请求精神损害赔偿。《精神损害赔偿司法解释》第2条规定，非法使被监护人脱离监护，导致近亲属间的亲属关系遭受严重损害，监护人向人民法院起诉请求赔偿精神损害的，人民法院应当予以受理。根据该解释，只有非法使被监护人脱离监护，严重损害近亲属间的亲属关系导致精神损害的，监护权人才能够提起精神损害赔偿。"非法使被监护人脱离监护"的侵权行为表现为：采取强迫、引诱或其他非法手段使被监护人脱离家庭；非法剥夺监护权的行为，非法剥夺监护权行为是最严重的侵害行为，能够给监护权人造成严重的精神损害。

(三)对亲属权的侵害

亲属权是指产生于除配偶、未成年子女与父母以外的其他近亲属之间的，以亲属利益为客体的基本身份权。亲属权具有下列特征：首先，亲属权对外表明近亲属之间的身份、地位，任何人对这种身份、地位都不得侵害。其次，亲属权对内表明相对的权利人之间，相互享有权利，负有义务。再次，亲属权由若干个分权利构成，非常典型的是近亲属之间扶养和赡养的义务以及请求扶养和赡养的权利，若虐待、遗弃家庭成员则构成对亲属权的侵害。侵害亲属权的侵权责任，主要是赔礼道歉和损害赔偿。赔礼道歉有助于维护亲属关系，消除亲属之间的矛盾，恢复亲属之间融洽的关系。损害赔偿则包括财产损害赔偿和精神损害赔偿。

六、侵害财产权的精神损害赔偿

我国《精神损害赔偿司法解释》确立了关于侵害财产权精神损害赔偿的制度，该解释第4条规定，具有人格象征意义的特定纪念物品，因侵权行为而永久性灭失或者毁损，物品所有人以侵权为由，向人民法院起诉请求赔偿精神损害的，人民法院应当依法予以受理。根据该规定，财产所有权人基于物权的损害请求精神损害赔偿，必须具备下列要件：

(一)符合侵害物权的责任构成要件

由于侵害物权是一般侵权行为，适用过错责任原则，应当具备四个要件：

损害事实、违法行为、因果关系和主观过错。该四要件的证明责任都由财产所有人承担。

(二)侵害的物应当严格限定为特定物

将侵害的物限定为“具有人格象征意义的特定纪念物品”,是因为一般意义上的物受到侵害不会产生精神损害,只有侵害特定的具有人格利益因素的纪念物品,才可能产生精神损害。

那么,如何理解“具有人格象征意义的特定纪念物品”呢?首先,该物是特定物而非种类物,具有不可替代性。种类物是指不具有独立特征,可以相互代替,并可以用品种、规格、质量或度量衡加以确认的物。特定物则指具有独立特征,不能相互代替的物。特定物分为两种:一种是世间独一无二的物,另一种是被特定化的种类物。该物从一般商品中独立出来,被赋予特定的含义,具有不可替代性。其次,该物是纪念物品,能够寄托某种感情,对所有人而言,具有纪念意义。如照片、纪念章、定情物等都属于纪念物品。最后,该物具有人格象征意义。该物必须与特定的人格相联系,成为人的感情寄托、人格的寄托或者人格的化身,能够满足物的所有权人的精神需求。例如,已故父母唯一的照片、结婚庆典的照片或录像带等,都具有人格象征意义。

(三)侵害物权应当严格限定在侵害财产所有权的情形之内

物权是指权利人依法对特定的物享有直接支配和排他的权利,包括所有权、用益物权和担保物权。所有权就是所有权人对自己的不动产或动产,依法享有占有、使用、收益和处分的权利。只有被侵害物的所有权人才能够对侵权人提起精神损害赔偿,担保物权人或用益物权人均不能提起精神损害赔偿。

(四)财产所有权人必须基于侵权提起诉讼

侵害财产权导致精神损害往往发生违约与侵权竞合的情形,如承揽合同履行过程中,因承揽人的过错丢失定做人提供的特定物引起精神损害;保管合同履行过程中,因保管人的过错导致保管物毁损、灭失;服务合同履行过程中,因提供的服务有瑕疵导致损害等。对于如何处理违约与侵权的责任竞合,我国《合同法》第122条做出了规定,因当事人一方的违约行为,侵害对方人身、财产权益的,受损害方有权选择依照本法要求其承担违约责任或者依照其他法律要求其承担侵权责任。根据该规定,以何种诉权提起诉讼的选择权在受害人,一个请求权行使后,另一个请求权即行消灭。若财产所有人提起违约之诉请求精神损害赔偿,法院是不支持的,这也是各国普遍的做法。法国民法就规定,合同之诉原则上不适用精神损害赔偿,但因违约造成精神损害,就会涉及违约和侵权的竞合问题，法院允许受害人在对违约和侵权不做严格区分的情况下要求精神损害赔偿。根据我国现行立法，精神损害只能通过侵权之诉予以赔偿。

七、精神损害赔偿额的计算

（一）精神损害赔偿界限的概念

对于精神损害进行赔偿，确定一个统一的、公平的、合理的赔偿标准非常重要，它关系到实施精神损害赔偿的社会效果，也关系到对当事人合法权益的维护。精神损害赔偿界限就设定了一个赔与不赔的界限，该界限是指因侵权行为造成他人精神损害达到一定程度，法律可准予赔偿的起算点。有了这个起算点，才可以防止精神损害赔偿的随意性，才能够在一定程度上保证精神损害赔偿的正确裁量。《精神损害赔偿司法解释》第8条规定了我国精神损害赔偿的界限："因侵权致人精神损害，但未造成严重后果，受害人请求赔偿精神损害的，人民法院一般不予支持。"根据该规定，"造成严重后果"是我国精神损害赔偿的界限。"造成严重后果"不排除损害后果并不严重，但侵权人主观恶性严重，或侵权手段极其恶劣的情形。在该种情形下，法院也应当支持赔偿权利人精神损害赔偿的请求。对"造成严重后果"的判断属于法院自由裁量的范畴，需要结合案件具体情节进行个案认定。一般而言，侵权行为造成严重过错可以从以下几个方面理解：(1)侵权行为直接致人残疾或致人死亡，如交通事故致人残疾或死亡；(2)侵权行为间接致人残疾或致人死亡。

（二）精神损害赔偿数额的确定因素

当达到了精神损害赔偿界限，就应当确定精神损害赔偿数额。根据《精神损害赔偿司法解释》第10条规定，法院在确定精神损害的赔偿数额时，应根据以下因素确定：侵权人的过错程度，法律另有规定的除外；侵害的手段、场合、行为方式等具体情节；侵权行为所造成的后果；侵权人的获利情况；侵权人承担责任的经济能力；受诉法院所在地平均生活水平。法律、行政法规对精神损害赔偿数额有明确规定的，适用法律、行政法规的规定。当然，如果受害人对损害事实和损害后果的发生也有过错的，可以根据其过错程度减轻或者免除侵权人的精神损害赔偿责任。由于侵权行为致人精神损害，造成严重后果，人民法院除了根据受害人一方的请求判令加害人赔偿相应的精神损害抚慰金外，还可以判令侵权人承担停止侵害、恢复名誉、消除影响、赔礼道歉等民事责任。

(三)未达精神损害赔偿界限时对受害人的保护

若没有达到精神损害赔偿界限,法院就不支持精神损害赔偿。法院不支持精神损害赔偿,不代表不保护受害人的精神利益,此时受害人可以向法院请求其他的精神损害救济。《民法通则》第120条规定,公民的姓名权、肖像权、名誉权、荣誉权受到侵害的,有权要求停止侵害、恢复名誉、消除影响、赔礼道歉,并可以要求赔偿损失。《国家赔偿法》第30条规定,赔偿义务机关违法行使职权,并造成受害人名誉权、荣誉权损害的,应当在侵权行为影响的范围内,为受害人消除影响、恢复名誉、赔礼道歉。上述规定的适用范围较窄,仅适用于人格权利中名誉权和荣誉权受到侵害的情形,《精神损害赔偿司法解释》对其做了扩展。该解释第8条规定,因侵权致人精神损害,但未造成严重后果,人民法院可以根据情形判令侵权人停止侵害、恢复名誉、消除影响、赔礼道歉。对于受害者来说,判令侵权人停止侵害、恢复名誉、消除影响、赔礼道歉,也能够起到一定的精神慰藉作用。

1.停止侵害

若侵权人的侵权行为持续进行,受害人可以请求法院责令侵权人停止侵害。停止侵害在诸多法律中都做出了规定,该种责任方式能够及时制止侵害行为,防止损害后果的扩大,因此是承担民事责任的基本方式之一。根据《民法通则意见》第162条的规定:"在诉讼中遇有需要停止侵害,排除妨碍,消除危险的情况时,人民法院可以根据当事人的申请或者依职权先行做出裁定。"根据该规定,停止侵害可以先行裁定,先予执行。停止侵害先行裁定一般考虑以下几个因素:(1)申请人(受害人)提出的侵权损害确实可靠;(2)被控侵权行为正在实施或准备实施,构成了对申请人的进一步侵害;(3)先行裁定所采取的具体措施能够达到实际保护受害人权益的需要和标准;(4)先行裁定所采取的措施与被申请人的行为相适应,不至造成被申请人其他合法权益的损害;(5)所采取措施不损害社会公众利益。由于先行裁定停止侵害是在侵权责任尚未确认之前进行的,不可避免会出现执行错误。例如,受害人认为某杂志的文章侵害其名誉权,请求法院先予查封刊物,禁止发行。如果法院最后判决该杂志社不构成侵权,则对杂志社造成严重的经济损失。因此,在申请人申请先予执行停止侵害时,法院应当责令申请人提供担保。

2.消除影响、恢复名誉

消除影响是指侵权人侵害了受害人的权益,对受害人造成了不良影响,侵权人必须在损害所及的范围内消除不良影响。恢复名誉是指公民和法人的名誉权受到不法侵害时，有权通过人民法院要求侵权人在影响所及之范围内以公开形式承认侵害过错，澄清事实，以恢复未受损害时社会对被侵权人品行、才能和信用的良好评价的责任措施。“消除影响、恢复名誉”主要在《民法通则》第120条、《最高人民法院关于审理名誉权案件若干问题的解释》第10条、《精神损害赔偿司法解释》第8条、《消费者权益保护法》第50条和《国家赔偿法》第30条中做出了相关规定。由此可见，作为承担民事责任的基本方式，“消除影响、恢复名誉”主要适用于侵害诸如名誉权、荣誉权、人身自由权等人格权的情形。

3.赔礼道歉

赔礼道歉是指侵权人向受害人承认其侵害了他人的合法权益，诚恳认错并表示歉意。赔礼道歉有两种方式，口头道歉和书面道歉。若侵权人拒不执行赔礼道歉的民事责任，法院可以按照判决以确定的方式执行，费用由侵权人承担。

在侵权民事责任方式中，各种方式各具特点，对于侵权行为造成损害的救济，可以单独适用一种民事责任方式，也可以综合适用多种民事责任方式。只有针对不同的侵权案件适用不同的责任方式，才能充分发挥责任形式的效果。因此，应根据具体情况恰当地选择责任形式，法律有明确规定的，应按规定进行，法律没有明确规定的，应根据具体情况按有关法律的精神，选择适当的责任承担方式。

【典型案例】

杨某等诉宣威市某煤矿精神损害赔偿案[①]

原告诉称，黎某被付某故意伤害致死，被告（宣威市某煤矿）没有发电报叫杨某（死者妻子）来处理后事，而是将黎某的尸体运到宣威火化，火化后将附有黎某照片、写有名字的骨灰盒存放于被告的殡仪馆，杨某知道后找到被告要求领回骨灰盒，但被告找出种种理由不让杨某领回，后又丢失黎某骨灰盒，给原告造成心理上、精神上无法弥补的痛苦和伤害。其行为有悖于伦理道德和社

①国家法官学院、中国人民大学法学院：《中国审判案例要览（2004年民事审判案例卷）》，中国人民大学出版社、人民法院出版社2005年版，第387-393页。入选本书时根据本书内容做了相应改动。

会公序良俗,同时是一种的民事侵权行为。原告请求法院判令被告赔偿其交通费、误工费、食宿费共1万元和精神损害抚慰金39万元,要求退还骨灰(若找不到骨灰,赔偿骨灰的损失),并承担诉讼费用。

被告辩称,黎某并非死在被告处,而是被人叫出来因打架斗殴致死,由于黎某是该煤矿的工人,死后又无亲人在场,故矿方才将其火化并将骨灰盒存放于该矿医院停尸房,事后通知原告来领,而原告不去领,矿方无义务替其保管骨灰盒,因此被告方不存在侵权,原告的起诉已过诉讼时效,请求驳回原告的诉讼请求。

法院审理认为:原告杨某的丈夫(其余六原告的父亲)黎某生前系被告某煤矿的在职职工。1989年5月11日,黎某被付某故意伤害致死(付某已判刑),被告某煤矿因未能通知到杨某,便在黎某亲属未到场的情况下,将黎某尸体运到宣威火化,并将黎某骨灰盒存放于一纸箱内(箱内放有写着黎某名字的笔记本纸一张)运回某煤矿,存放于矿医院停尸房。1990年下半年矿殡仪馆建成后,矿方工作人员将黎某的骨灰盒移至矿殡仪馆保管,在搬移的过程中,由于疏忽将装骨灰盒的纸箱丢弃,导致黎某的骨灰盒因无标志而与存放于殡仪馆的其他几个无标志的骨灰盒混同,无法辨认。2002年6月1日,宣威市公安局刑警大队同某派出所、某煤矿保卫科组成联合调查小组,对黎某骨灰盒问题进行调查,结论是不能确定黎某的骨灰盒。

云南省曲靖市某人民法院认为:黎某作为某煤矿的职工被他人伤害致死后,某煤矿在未能通知到黎某亲属的情况下对黎某的尸体进行火化,该处理并无不当。对于尸体火化后某煤矿是否通知黎某亲属及时领取黎某的骨灰盒,被告方主张已尽到通知义务,而原告方则主张某煤矿未通知其领骨灰盒,当原告方主动找到被告要求领取骨灰盒时,被告方不让领。对于各自的主张,原、被告双方均未能提供充分证据予以证实。但可以认定的是,某煤矿将黎某尸体火化后确实未尽到妥善保管义务,以致黎某的骨灰盒与其他无标志的人的骨灰盒混淆,难以区分开。最高人民法院《关于确定民事侵权精神损害赔偿责任若干问题的解释》第4条规定:"具有人格象征意义的特定纪念物品,因侵权行为而永久性灭失或者毁损,物品所有人以侵权为由,向人民法院起诉请求赔偿精神损害的,人民法院应当依法予以受理。"骨灰是人死亡后其亲人祭奠情思的有形物质,是"具有人格象征意义的特定纪念品",由于被告方的过错,黎某的亲人丧失了祭奠已亡亲人的特殊载体,为此给原告方造成了一定的精神痛苦,原告方要求精神损害赔偿的请求于法有据,但因请求赔偿数额过高,故对其请求只能部分予以支持。原告要求被告赔偿交通费、误工费、食宿费共1万元的诉讼主张,因未提供相关证据证实,法院不予支持。根据《民事诉讼法》的规定，本案适用2年的普通诉讼时效，时效期间应从权利人知道或应当知道权利被侵害时起算，即从原告知道黎某的骨灰盒无法辨认领取，权利确被侵害时起计，而根据双方提供的证据，这个时间应从宣威市公安局刑警大队会同某派出所、某煤矿保卫科调查做出“不能确定黎万富的骨灰盒”的结论时起计，即2002年6月。以此时间起算，本案原告的诉请并未过诉讼时效。而且本案原告的诉请也未过法律规定的最长诉讼时效20年（从权利被侵害，即1990年起）的时效限制。

云南省曲靖市某人民法院根据最高人民法院《关于确定民事侵权精神损害赔偿责任若干问题的解释》第3条第（三）项、第4条的规定，判决如下：

一、由被告宣威市某煤矿于本判决生效后10日内给付原告方精神损害抚慰金每人2500元，共计17500元。

二、驳回原告的其他诉讼请求。案件受理费8510元，由原被告各负担一半。

【以案说法】

法律尊重并保护伦理

一、骨灰的法律性质与民法保护

尸体作为丧失生命的人体物质形态，其本质在民法上表现为身体权客体在权利主体死亡后的延续利益，即身体的延续利益。骨灰是由尸体转化而来的，骨灰与尸体的属性相同，二者的法律性质也是相同的。本案中，死者的妻子及子女是死者骨灰这一身体权延续利益的享有人，被告没有尽到保管人应尽的注意义务，导致死者骨灰盒无法辨认，侵犯了死者亲属享有的这种延续利益，实质上是对死者亲属伦理感情的一种侵犯。因而，本案的法律关系是围绕被告保管不当的行为引起了原告享有的对死者的伦理感情这一特殊人格利益的损害，被告构成对死者人格利益侵权而展开的。这种侵权行为在我国《民法通则》的民事责任规定中找不到可以适用的法律条文。但本案可适用民法的基本原则之一——公序良俗原则，来追究被告的民事责任，这一原则具体可落实到最高人民法院《关于确定民事侵权精神损害赔偿责任若干问题的解释》中。

二、对人格利益的特殊保护

最高人民法院《关于确定民事侵权精神损害赔偿责任若干问题的解释》第

4条规定:“具有人格象征意义的特定纪念物品,因侵权行为而永久性灭失或者毁损,物品所有人以侵权为由,向人民法院起诉请求赔偿精神损害的,人民法院应当依法予以受理。”在一般情况下,精神损害赔偿所赔偿的是受害人人格利益的损害,而不是财产利益的损失。在某些侵害财产权的场合使用精神损害赔偿制度,其实是因为这些财产中凝聚着人格利益。因此,受害人所有的这些财产受到侵害以后,才会造成受害人的精神损害,造成一般的财产损害赔偿所不能起到的精神损害抚慰和精神补偿的作用。在这种情况下,只有对受害人采用精神损害赔偿方式进行救济,才能对受到侵害的人格利益进行抚慰,对受害人的权利损害进行完全的救济。

在认定侵害财产权精神损害赔偿责任构成的时候,需具备的一个特别要件,即该侵权行为所侵害的财产是具有人格利益因素的特定纪念物品。本案中,被告的行为所侵害的是骨灰这样一种特定的具有纪念意义的物品,损害了原告享有的对死者的伦理感情这一特殊人格利益,虽然人已经死亡,但亲情不会因此消失,死者的家人将对这种感情寄托于骨灰这一特定纪念物品上,骨灰就被赋予了珍贵的人格利益因素,蕴涵着对亲人精神寄托、感情抚慰的特殊意义。被告因过失致使骨灰混同,使其亲人丧失祭奠情思的特定物,这一行为对受害人造成的精神损害是十分巨大和不可弥补的。对此,赔偿财产利益的损害,无法补偿受害人的损失。因此,精神损害赔偿在这里就发挥了重要的精神抚慰作用,能够使受害人的合法权益得到较为完善的保护。

【法条链接】

中华人民共和国民法通则

第五条 公民、法人的合法的民事权益受法律保护,任何组织和个人不得侵犯。

第一〇一条 公民、法人享有名誉权,公民的人格尊严受法律保护,禁止用侮辱、诽谤等方式损害公民、法人的名誉。

第一二〇条 公民的姓名权、肖像权、名誉权、荣誉权受到侵害的,有权要求停止侵害,恢复名誉,消除影响,赔礼道歉,并可以要求赔偿损失。

法人的名称权、名誉权、荣誉权受到侵害的,适用前款规定。

最高人民法院《关于贯彻执行〈中华人民共和国民法通则〉若干问题的意见(试行)》

140.以书面、口头等形式宣扬他人的隐私,或者捏造事实公然丑化他人人格,以及用侮辱、诽谤等方式损害他人名誉,造成一定影响的,应当认定为侵害公民名誉权的行为。

以书面、口头等形式诋毁、诽谤法人名誉,给法人造成损害的,应当认定为侵害法人名誉权的行为。

最高人民法院《关于审理人身损害赔偿案件适用法律若干问题的解释》

第一条　因生命、健康、身体遭受侵害,赔偿权利人起诉请求赔偿义务人赔偿财产损失和精神损害的,人民法院应予受理。

本条所称"赔偿权利人",是指因侵权行为或者其他致害原因直接遭受人身损害的受害人、依法由受害人承担扶养义务的被扶养人以及死亡受害人的近亲属。

本条所称"赔偿义务人",是指因自己或者他人的侵权行为以及其他致害原因依法应当承担民事责任的自然人、法人或者其他组织。

最高人民法院《关于确定民事侵权精神损害赔偿责任若干问题的解释》

第一条　自然人因下列人格权利遭受非法侵害,向人民法院起诉请求赔偿精神损害的,人民法院应当依法予以受理:

(一)生命权、健康权、身体权;

(二)姓名权、肖像权、名誉权、荣誉权;

(三)人格尊严权、人身自由权。

违反社会公共利益、社会公德侵害他人隐私或者其他人格利益,受害人以侵权为由向人民法院起诉请求赔偿精神损害的,人民法院应当依法予以受理。

第二条　非法使被监护人脱离监护,导致亲子关系或者近亲属间的亲属关系遭受严重损害,监护人向人民法院起诉请求赔偿精神损害的,人民法院应当依法予以受理。

第三条　自然人死亡后,其近亲属因下列侵权行为遭受精神痛苦,向人民法院起诉请求赔偿精神损害的,人民法院应当依法予以受理:

(一)以侮辱、诽谤、贬损、丑化或者违反社会公共利益、社会公德的其他方

式,侵害死者姓名、肖像、名誉、荣誉;

(二)非法披露、利用死者隐私,或者以违反社会公共利益、社会公德的其他方式侵害死者隐私;

(三)非法利用、损害遗体、遗骨,或者以违反社会公共利益、社会公德的其他方式侵害遗体、遗骨。

第四条　具有人格象征意义的特定纪念物品,因侵权行为而永久性灭失或者毁损,物品所有人以侵权为由,向人民法院起诉请求赔偿精神损害的,人民法院应当依法予以受理。

第七条　自然人因侵权行为致死,或者自然人死亡后其人格或者遗体遭受侵害,死者的配偶、父母和子女向人民法院起诉请求赔偿精神损害的,列其配偶、父母和子女为原告;没有配偶、父母和子女的,可以由其他近亲属提起诉讼,列其他近亲属为原告。

第八条　因侵权致人精神损害,但未造成严重后果,受害人请求赔偿精神损害的,一般不予支持,人民法院可以根据情形判令侵权人停止侵害、恢复名誉、消除影响、赔礼道歉。

因侵权致人精神损害,造成严重后果的,人民法院除判令侵权人承担停止侵害、恢复名誉、消除影响、赔礼道歉等民事责任外,可以根据受害人一方的请求判令其赔偿相应的精神损害抚慰金。

第九条　精神损害抚慰金包括以下方式:

(一)致人残疾的,为残疾赔偿金;

(二)致人死亡的,为死亡赔偿金;

(三)其他损害情形的精神抚慰金。

第十条　精神损害的赔偿数额根据以下因素确定:

(一)侵权人的过错程度,法律另有规定的除外;

(二)侵害的手段、场合、行为方式等具体情节;

(三)侵权行为所造成的后果;

(四)侵权人的获利情况;

(五)侵权人承担责任的经济能力;

(六)受诉法院所在地平均生活水平。

法律、行政法规对残疾赔偿金、死亡赔偿金等有明确规定的,适用法律、行政法规的规定。

第十一条　受害人对损害事实和损害后果的发生有过错的,可以根据其过错程度减轻或者免除侵权人的精神损害赔偿责任。

最高人民法院《关于审理名誉权案件若干问题的解释》

7.问:因提供新闻材料引起的名誉权纠纷,如何认定是否构成侵权?

答:因提供新闻材料引起的名誉权纠纷,认定是否构成侵权,应区分以下两种情况:

(一)主动提供新闻材料,致使他人名誉受到损害的,应当认定为侵害他人名誉权。

(二)因被动采访而提供新闻材料,且未经提供者同意公开,新闻单位擅自发表,致使他人名誉受到损害的,对提供者一般不应当认定为侵害名誉权;虽系被动提供新闻材料,但发表时得到提供者同意或者默许,致使他人名誉受到损害的,应当认定为侵害名誉权。

9.问:对产品质量、服务质量进行批评、评论引起的名誉权纠纷,如何认定是否构成侵权?

答:消费者对生产者、经营者、销售者的产品质量或者服务质量进行批评、评论,不应当认定为侵害他人名誉权。但借机诽谤、诋毁,损害其名誉的,应当认定为侵害名誉权。新闻单位对生产者、经营者、销售者的产品质量或者服务质量进行批评、评论,内容基本属实,没有侮辱内容的,不应当认定为侵害其名誉权;主要内容失实,损害其名誉的,应当认定为侵害名誉权。

10.问:因名誉权受到侵害使生产、经营、销售遭受损失予以赔偿的范围和数额如何确定?

答:因名誉权受到侵害使生产、经营、销售遭受损失予以赔偿的范围和数额,可以按照确因侵权而造成客户退货、解除合同等损失程度来适当确定。

【扩展阅读】

墓地被毁能否获赔精神损害?①

1991年,原告沈某的母亲去世后安葬于本村墓地,后被告奚某的父亲去世,被告将父亲安葬于原告母亲墓地的东侧,两块墓地相邻,但均没有土地使用权证书。1998年,原告沈某的父亲去世,原告将父亲和母亲合葬于原来的墓

① 徐华、王春华:《墓地被毁能否获赔精神损害?》,载《江苏法制报》,2011年10月27日。

穴。2008年3月,原告将墓地重新修缮,被告认为原告擅自扩大了墓地面积,侵害了其合法权益,遂采取自助行为将原告父母的墓地东侧地砖敲碎。原告认为,时值清明祭祖,被告破坏其父母墓地,严重伤害了其感情,请求被告恢复原状、赔礼道歉、赔偿损失,并赔偿精神损失100元。

对于原告的精神损害,最高人民法院《关于确定民事侵权精神损害赔偿责任若干问题的解释》第4条规定,具有人格象征意义的特定纪念物品,因侵权行为而永久性灭失或者毁损,物品所有人以侵权为由,向法院起诉请求赔偿精神损害的,法院应当依法予以受理。祖先的墓地在我国有着强烈的人格象征意义,后人都通过墓地进行祭奠,寄托哀思,表达情感。在我国,尤其是在农村,毁坏墓地被视为严重的侵权行为,极大地伤害了后人的感情。因此,原告精神损害的赔偿请求应该得到支持。